mi
ni
ma
lis
mo

**mi
ni
ma
lis
mo**

Diseño de cubierta e interior: Gerardo Domínguez

Editorial EDAF, S. L. U.
Jorge Juan, 68. 28009 Madrid
http://www.edaf.net
edaf@edaf.net

Algaba Ediciones, S. A. de C. V.
Calle 21, Poniente 3323. Entre la 33 Sur y la 35 Sur
Colonia Belisario Domínguez
Puebla 72180, México
jaime.breton@yahoo.com.mx

Edaf del Plata, S.A. Chile, 2222
1227 - Buenos Aires, Argentina
edaf4@speedy.com.ar

Edaf Chile, S. A.
Coyancura, 2270, oficina 914, Providencia
Santiago - Chile
comercialedafchile@edafchile.cl

Primera edición: Mayo de 2021

ISBN: 978-84-414-4082-1
Depósito legal: M-5164-2021

Impreso en España Printed in Spain
Gráficas Cofás. Pol. Ind. Prado Regordoño. Móstoles (Madrid)

Luis García Vegan

minimalismo

El arte de no tener para tenerlo todo

edaf

MADRID - MÉXICO - BUENOS AIRES - SANTIAGO

2021

Índice

Te
tra
le
ma

Introducción

Somos la generación que mayor abundancia tiene a su alcance de la historia. Jamás tuvimos un acceso tan amplio a alimentos, prendas de vestir, productos de higiene, medios de transporte o viajes. Cualquier objeto ahora es más accesible para nosotros que siglos atrás. Nunca tuvimos tantas cosas como en la actualidad; sin embargo, no vivimos una época de plenitud y felicidad.

Lo mismo ocurre con el acceso a la educación, sanidad, seguridad, o incluso la mejora en la esperanza de vida. Sabemos que somos afortunados y que nuestro presente es mucho mejor que en el pasado, pero también sentimos una gran sensación de soledad, vacío, insatisfacción y pérdida de intereses que hace que nos sintamos cada vez más perdidos.

Teniendo en cuenta esto, no es raro que las tasas de suicidio aumenten cada año en todo tipo de países y economías. Asimismo, el índice de personas diagnosticadas con depresión o ansiedad se incrementa hasta cifras alarmantes y es que, a pesar de tener más, cada vez sentimos tener menos.

La paradoja de miles de personas que habitan este planeta es que, a pesar de estar rodeados de objetos, no somos capaces de valorarlos y, lejos de percibir la abundancia de nuestra realidad, sentimos una gran sensación de deficiencia, basada en no tener suficiente nunca, no ser saciados jamás, en continuar corriendo en una competición donde siempre perdemos porque siempre nos falta algo: nunca estamos satisfechos.

Esta contradicción que vivimos actualmente, que nos lanza a un estilo de vida de compra compulsiva donde nuestro bienestar depende de comprar más, nos confunde y aleja de nuestra felicidad. Nos hemos alejado tanto de las pequeñas cosas, que caminamos a diario por arenas movedizas. Vivimos rodeados de todas las cosas que necesitamos, pero no lo sentimos ni percibimos así.

La compra genera en nosotros una descarga de felicidad a corto plazo, una sensación placentera y positiva que se diluye minutos después de finalizar esa nueva adquisición y que, en algunos casos, deja a muchas personas en banca rota antes de apenas empezar el mes. Como cada vez estamos más perdidos, necesitamos esta descarga de felicidad a corto plazo, aunque sea para sentirnos satisfechos durante unos pocos minutos.

El minimalismo sugiere que reconectemos con nosotros mismos, que seamos capaces de vincular nuestra felicidad a nuestro propio ser, y que esa felicidad no dependa de la tenencia desmesurada de cosas.

Vivimos en un sistema capitalista, un sistema capaz de proveernos de cualquier cosa y, además, cada vez a un precio menor. Sin embargo, si no conocemos sus reglas, corremos el riesgo de ser absorbidos por él. Estaremos expuestos a poder acabar contrayendo numerosos préstamos y créditos que pagar, de hipotecas altas, de armarios plagados de prendas que no vamos a usar y un largo etcétera que hará que perdamos la partida.

El minimalismo sugiere que reconectemos con nosotros mismos, que seamos capaces de vincular nuestra felicidad a nuestro propio ser, y que esa felicidad no dependa de la tenencia desmesurada de cosas.

Si dejamos que la posesión de cosas sea la que module nuestros niveles de felicidad, nunca tendremos suficientes objetos, nunca ganaremos lo que queremos y jamás encontraremos la plenitud que necesitemos, porque estaremos buscando fuera, en el exterior, algo que solo se consigue desde dentro, desde nuestro interior.

Tener menos para tener más debería ser uno de los aspectos a tener en cuenta en una realidad minimalista: adquirir menos cosas, contraer menos gastos, sufrir menos tensión, ganar menos peso, sufrir menos ansiedad... Por poseer. Pero a cambio y al mismo tiempo tener más libertad, más plenitud, más serenidad, más paz interior, más sabiduría, más practicidad. Eliminar lo que sobra para poder incorporar a nuestra realidad lo que realmente importa.

Debemos empezar a vivir más ligeros de equipaje, hacer un ejercicio donde analicemos si realmente eso que queremos adquirir tiene una utilidad real para nosotros o si, por el contrario, es una compra impulsiva más, una compra sin sentido que lejos de aportar, nos va a restar algo.

Los recursos económicos y el tiempo son limitados en nuestra vida, y en el caso del tiempo, además, es irrecuperable. Depende de nosotros mismos analizar a qué experiencias vamos a querer dedicar nuestro tiempo vital.

Creo que, teniendo más posibilidades y opciones que nunca, sería un grave error no alcanzar la felicidad. Es una cuestión de orden, de estructura y de análisis. Todos podemos aplicar el minimalismo a nuestras vidas y disfrutar de todos los beneficios que nos brinda: más serenidad, más paz, menos competición y mejor uso de recursos. Todos son ventajas para uno mismo.

Pero, además, debemos ser conscientes de que el uso indiscriminado de recursos en un planeta cada vez más poblado es un *suicidio colectivo*. Debemos cuidar lo que consumimos y cómo lo consumimos para poder seguir habitando este planeta. Si cada individuo continúa ampliando el uso de recursos disponibles y, al mismo tiempo, la población mantiene su crecimiento exponencial, en un breve espacio de tiempo se producirá un colapso en el planeta.

Tenemos más cosas de las que necesitamos; sin embargo, las finanzas de cada persona no siempre están en una situación óptima. Cada vez tenemos más y cada vez usamos menos, cada vez compramos más y al mismo tiempo multiplicamos la cantidad de residuos que generamos. Podemos ganar más y estar arruinados y llenos de deudas; una rueda que nos hace infelices y nos desconecta del mundo en el que vivimos y de nosotros mismos.

Con todas las herramientas y claves a nuestro alcance para ser felices, y ante nuestra torpeza de no encontrar nuestro lugar en el mundo, intentamos comprar algo que no podemos; nuestra propia felicidad.

Con todas las herramientas y claves a nuestro alcance para ser felices, y ante nuestra torpeza de no encontrar nuestro lugar en el mundo, intentamos comprar algo que no podemos; nuestra propia felicidad.

En este libro quiero que veas lo que ocurre por nuestra mente en los diferentes aspectos de la vida en torno al consumo y la tenencia de cosas. Intentaremos explicarte o darte las pautas sobre cómo usar el sistema capitalista a tu favor y que no sea un elemento para tu autodestrucción. Que aprendas técnicas para que te unas a ese grupo de personas que viven con muy pocas cosas, que aprendas a reducir los objetos que están a tu alrededor y empeoran tu vida. Mi objetivo es enseñarte a reducir objetos, pero que aumentes tu sabiduría, que mejores tus finanzas, que saques lo mejor de la realidad en la que nos encontramos para tu bienestar.

Si estás en disposición de sacar de tu vida las cosas que te sobran con el objetivo de vivir una vida sencilla y rica, habrás abierto las puertas del minimalismo.

Tener menos para tener más

Mi historia minimalista

Sentía
no tener
de nada
a pesar
de tenerlo
todo

En estos momentos puedo decir que soy un minimalista extremo, porque vivo con una minúscula maleta que a cualquier persona no le serviría ni para pasar un corto día fuera de casa, pero que, sin embargo, en mi caso, es más que suficiente para vivir todo el año recorriendo el mundo. En esta minúscula y ligera maleta siento que tengo todo lo que necesito... y mucho más. Percibo toda la abundancia dentro de mí, pero sin peso, sin carga a mis espaldas, con la libertad que permite tenerlo todo sin tener nada.

Pero antes de llegar a este punto de llevar una vida minimalista y simplificada, he de comentar que, como cualquier persona, tenía una vida muy *maxi*, una vida llena de cosas, abarrotada de objetos. Reducir era algo aparentemente imposible, y generaba cientos de excusas para no deshacerme de cosas, o al menos, no hacerlo de un modo drástico. Al igual que ahora siento que lo tengo todo sin tener nada, en aquel entonces estaba en extremo opuesto, sentía no tener de nada a pesar de tenerlo todo.

Somos como un vaso, cuanto más hielo hay dentro de él, menos capacidad tiene para contener líquido.

Un día me hice la pregunta de si todo aquello que tenía ocupando espacio en mi vida quizá no estaba dejando entrar todo lo que la llenaría de verdad.

Somos como un vaso, cuanto más hielo hay dentro de él, menos capacidad tiene para contener líquido.

Decidir si queremos estar llenos de lo que realmente importa es de vital importancia en nuestras vidas, porque en el vaso de la vida el espacio es limitado.

Mi vida transcurría como cualquier otra, sabiendo que tenía mucho, que era muy privilegiado y que poseía más cosas de las que necesitaba. Todos nos sabemos la teoría, pero lo cierto es que el día a día y la adaptación a nuestro escenario social, no deja mucho tiempo para pensar y menos para actuar.

Decidir si queremos estar llenos de lo que realmente importa es de vital importancia en nuestras vidas, porque en el vaso de la vida el espacio es limitado.

Mi armario estaba lleno de prendas, complementos y objetos, cosas que no usaba con frecuencia. Pero no solo los armarios estaban llenos; por ejemplo, mi cocina estaba a rebosar de ingredientes, maquinaria, cuchillos de chef y cientos de artículos de menaje. En mi garaje, por supuesto, tenía mi propio coche, coche que la mayor parte del tiempo utilizaba para trabajar. Y como en cualquier casa, había papeles archivados, discos, libros, tecnología obsoleta y un largo etcétera que tú mejor que nadie conoces a la perfección.

Sé que sabes de lo que te hablo, porque todos nos sabemos la teoría. Conocemos los límites del planeta, los límites de nuestro capital disponible e incluso el límite físico donde dejar todo lo que poseemos. Sin embargo, la acción de reducir acaba siendo una utopía, algo aparentemente alejado de nuestro control.

La cuestión es que todos esos elementos que tenía a mi alrededor no me hacían feliz, sentía que no era plenamente libre, que faltaba algo, y sobre todo que cada vez necesitaba más. De mi realidad en la universidad hasta aquel presente en el que me encontraba habían pasado muchas cosas. Tenía más ingresos y más comodidades, vivía en una casa yo solo y con todo lo necesario, pero, a pesar de tener más, sentía que necesitaba mucho más que antes, había mayor sensación de carencia, mucho más por comprar.

Este proceso de minimizar mi vida lo viví con bastante desconocimiento, sin saber en realidad qué buscaba o qué necesitaba. No le ponía nombre a lo que me sucedía, porque en ese momento no me había puesto la palabra *minimalista* en mi descripción personal.

Solo sabía que necesitaba simplificar mi vida, sentir mayor ligereza, mayor libertad. ¿Sabes de lo que hablo verdad?

Tras dar los primeros pasos en la simplificación de mi vida, me di cuenta de que era el camino que quería seguir. Y un año más tarde era un individuo sin coche, sin casa y con todo lo que necesitaba para vivir en una pequeña maleta de cabina. Muchos pensarán en escasez, en necesidades y penurias, en incomodidad, al imaginarse ante tal reducción de pertenencias, pero lo cierto es que nunca he vivido tan bien como hasta ahora. El tiempo —que lo medimos en dinero— que empleo en conseguir las cosas que necesito es mucho menor, y por ello mi nivel de riqueza es superior.

Solo sabía que necesitaba simplificar mi vida, sentir mayor ligereza, mayor libertad. ¿Sabes de lo que hablo verdad?

Ahora viajo por el mundo y lleno mi vaso de la vida con experiencias, con recuerdos y emociones. Decidí llenar mi vaso de líquido y no poner dentro ni un solo hielo que dificultara la entrada de experiencias. Todo lo intangible tenía espacio en mi vida, y todo lo tangible, que son esas cosas que tocamos y almacenamos, debería de tener una utilidad real y una serie de restricciones muy concretas para quedarse en mi vida.

Si nuestro tiempo y dinero son limitados, no tiene sentido que los empleemos en cosas que no merecen la pena, que no nos hacen felices, no podemos llenarlo de cosas que nos frenan.

No te voy a decir que no me sentí aterrado cuando me vi en el aeropuerto de Madrid con una pequeña bolsa de viaje y un billete sin fecha de vuelta con dirección y destino Tailandia. De algún modo había roto con todos los patrones que consideraba normales y me había convertido, sin planificarlo, en un minimalista y, además, nómada. No tenía casa, ni coche ni pertenencias más allá de esa maleta. Creo que la sensación de no tener un lugar al que volver aún me sigue suponiendo un poco de vértigo, pero el vértigo que te lanza hacia la libertad es el que mejor podemos gestionar.

Ser minimalista, por supuesto, no significa viajar o no tener casa, cada uno debe adaptarlo a su realidad, sus metas y sus sueños personales. Pero en mi caso tenía claro que había pasado demasiado tiempo sin viajar, sin ver los lugares que deseaba. Sabía que había empleado demasiado tiempo y todos mis recursos en cosas que no me hacían feliz, que no me elevaban y, lo más importante, que no me daban más libertad.

Si queremos ganar mayor libertad debemos de tener más tiempo y más dinero disponible. Combinar perfectamente estos dos factores con sabiduría es la clave para alcanzar esa libertad.

Si queremos ganar mayor libertad debemos de tener más tiempo y más dinero disponible. Combinar perfectamente estos dos factores con sabiduría es la clave para alcanzar esa libertad.

Cuanto menos tiempo empleas en algo, más tiempo te queda para destinarlo a otra experiencia, y exactamente lo mismo ocurre con el dinero. No importa cuánto ganes, cualquier cantidad que llegue a ti te puede hacer rico o pobre, porque todo es una cuestión de optimización de nuestros recursos y nuestro tiempo.

En mi caso no me sentí con más abundancia o prosperidad cuantos más ingresos tenía o tuve, sino cuando conseguí gestionarlos de un modo más eficaz. Después de que, desde que empezamos a estudiar, nos hayan enseñado complejos cálculos matemáticos, resulta que la vida se basa solo en sumar y restar, no entiende de otra cosa que no sean sumas y restas, y nosotros, en el afán de hacerla más compleja de lo que es, olvidamos la simplicidad de sumar y restar.

Antes de llevar esta vida minimalista y simplificada tenía la sensación de que no tenía suficiente. Esa sensación de que no hay suficiente y que, por tanto, yo mismo no era suficiente llegó a mí y se instauró en mi vida, porque lo cierto es que esa es la realidad que hemos normalizado como sociedad. Estamos corriendo, pero no sabemos hacia dónde ni por qué. De algún modo sentía que estaba atrapado en pagar, consumir y trabajar para poder mantener todo aquello, pero ese estilo de vida en el que me había sumergido sin querer no me estaba haciendo feliz. Nadie nos va haciendo preguntas sobre si ese es el camino correcto; de hecho, acabamos creyendo que solo hay uno.

Mi transición hacia una vida más minimalista fue muy paulatina. Desde muy joven hice varias mudanzas y viví en varias ciudades de España, y eso me ayudaba a ser consciente de lo que no necesitaba. En cada mudanza movía las cosas de un lugar a otro sin haberlas utilizado, y en ocasiones había alguna caja que sobrevivía meses sin ser abierta, por tanto, la utilidad real de la mayor parte de las cosas que trasladaba de una ciudad a otra suponía esfuerzo y espacio, pero ninguna utilidad real. De esta forma, en las últimas mudanzas eliminé cosas que pesaban mucho en mi vida, pero que no usaba. Eliminé los discos que llevaba de casa en casa como un coleccionista, y que en la era digital cada vez tenía menos sentido acumular. Lo mismo con los pesados libros que iba moviendo por las diferentes ciudades donde vivía, con tecnología obsoleta que se acumula y almacena sin saber muy bien por qué.

Mi última casa fue en la isla de Gran Canaria, una de las islas que adoro en el paraíso canario. Allí ya contaba con muy pocas cosas, había simplificado mucho mis pertenencias a lo largo de los años y todo podría entrar en dos maletas gigantes; sin embargo, quería ir un paso más allá. Si me sentía más libre y más feliz tras haber reducido mi vida de objetos, ¿por qué no pasar al siguiente nivel? En ese momento decidí que no quería un poco de aire de libertad, lo quería todo. Y precisamente fue allí donde decidí cambiar de estilo de vida, y llevar la vida que me hubiera gustado llevar; una vida sin peso, sin necesidades económicas generadas por la compra de cosas que no me hacían feliz, sin créditos y sin hacer las cosas que se esperaba de mí. Una vida donde ser yo. Así pues, empecé mi camino minimalista más extremo que hizo de mi vida una auténtica bendición.

Empecé a viajar sin rumbo fijo, impartiendo conferencias en los lugares a los que iba. Escribía y trabajaba cada mañana como lo hacía cuando tenía casa fija, pero ahora iba yo solo, no me acompañaban cientos de objetos. Estaba solamente yo, con mucho tiempo y nada que arrastrar conmigo.

Quizá en algún momento quiera establecerme en un sitio fijo, volver a montar un restaurante en alguna ciudad o dar clases de cocina en modo presencial; sin embargo, haga lo que haga, sea cual sea mi realidad dentro de unos años, sé que el minimalismo ha entrado en mi vida para quedarse, porque ha conseguido generar felicidad y un sentido práctico en mí que no tenía. Todo lo que haga en mi vida irá en consonancia con este principio, que, te prometo, puede cambiar tu vida como ha cambiado la mía.

Creo que nos merecemos ser felices, hacer felices a otros y con nuestro ejemplo demostrar que es posible, que podemos salir de las cárceles donde nosotros mismos nos hemos metido y comenzar a movernos libremente, movernos sin ataduras para llegar a los lugares que nosotros ya hemos soñado y deseado.

Creo que nos merecemos ser felices, hacer felices a otros y con nuestro ejemplo demostrar que es posible, que podemos salir de las cárceles donde nosotros mismos nos hemos metido y comenzar a movernos libremente, movernos sin ataduras para llegar a los lugares que nosotros ya hemos soñado y deseado.

Ganar la partida al tiempo es imposible, porque siempre pasa y nunca vuelve, pero ser capaces de utilizar todo el tiempo que la vida nos regala sí está en nuestras manos, forma parte de nuestra responsabilidad. Si hay algo importante a lo que estoy atento es a no desperdiciar ese mágico e irrecuperable tiempo.

Vivimos en una realidad capitalista que nos provee de muchas cosas, y hemos mejorado infinitamente nuestra calidad de vida respecto a siglos pasados; sin embargo, debemos saber cómo actúa ese capitalismo para no acabar siendo unas víctimas del propio juego. Hemos de intentar obtener todos los beneficios que nos ofrece, pero sin efectos secundarios.

Todo lo que tenemos tiene un precio económico, y todo precio económico se puede transformar en tiempo, ese elemento indispensable que despreciamos cada día sin darnos cuenta y que nunca va a volver. Recuerda esto: El tiempo es el único capital irrecuperable.

Aunque en el sistema capitalista utilizamos el dinero para hacer los intercambios, lo cierto es que ese dinero se reduce a lo único que tenemos realmente: *el tiempo.*

El tiempo es nuestra moneda de cambio real, supone horas de trabajo si eres un trabajador, y beneficios de tu empresa en el caso de que seas empresario. Pero, sea cual sea la forma en la que obtienes tu dinero, todo se reduce a tiempo, siempre tiempo.

El tiempo es el único capital irrecuperable.

No deberíamos tener un conversor de monedas, lo interesante no es pasar a dólares o euros las cantidades. Lo realmente útil sería tener un conversor que cambie nuestra moneda en horas de vida. Las horas de vida que invertimos en las cosas que tenemos suponen el precio más objetivo y universal, las horas son el precio real de las cosas. ¿Alguna vez te has preguntado cuántas horas suponen tus nuevas zapatillas? ¿Cuántas horas de tu vida gastaste en el coche? ¿Qué porcentaje de tu tiempo vital se irá en pagar tu casa? Te adelanto que en la sociedad de consumo desconectada, a la que por cierto pertenecemos, la totalidad de nuestro tiempo se limita a consumir, y en ese proceso de consumir se nos olvidó vivir.

No sé si en alguna ocasión has hecho este ejercicio, pero ¿has probado a transformar en tiempo el valor de tus compras o posesiones? Estás gastando tu tiempo vital para conseguir esas cosas, y creo que es un buen ejercicio el hecho de cuantificar lo que tenemos en tiempo y no en dinero, porque el dinero hace que no valoremos realmente el precio de las cosas.

Cuando sabemos realmente el precio de nuestras posesiones en tiempo, es cuando podemos poner una perspectiva real. Si compras unas zapatillas e independientemente del precio, sabes que te han costado 6 horas de vida, estarás haciendo un cálculo real sobre lo que te cuesta en lo único que no recuperamos, que como ya sabes es el tiempo.

Una buena reflexión cuando gastamos nuestros recursos económicos y tiempo es preguntarnos si valió la pena. Si ha merecido la pena emplear un mes de toda nuestra vida en el transcurrir de ese mes. No hago alusión a que nuestras vidas sean una montaña rusa de emociones, me refiero a que seguramente los esfuerzos han sido empleados y dedicados a cosas de las cuales no somos del todo conscientes, y que probablemente no nos hayan reportado nada positivo. Gastamos nuestras vidas en ser partícipes de un proceso automático en el que en realidad es estar desconectados de nosotros mismos.

Estamos en un momento en el que no paramos de correr para conseguir más dinero; dinero que nunca es suficiente. Pero, además, cada vez ese dinero se va más rápido sin darnos cuenta; somos corredores de fondo sin movernos de un mismo lugar. Queremos más, conseguimos más, pero tenemos menos.

Lo común en esta realidad que habitamos es querer tenerlo todo, y en ese intento de tenerlo todo, permanecer con la sensación de no tener nada. Nos convertimos en seres completamente contradictorios y desconectados.

En esta extrema contradicción vivimos millones de persona en este planeta, un planeta cada vez más agotado de recursos. Gastamos los recursos en cosas que no nos hacen felices, que no necesitamos y que probablemente acaben en el cubo de la basura tarde o temprano. Estamos gastando cada minuto de nuestra vida, gastando nuestro tiempo y gastando los recursos limitados en nada. Somos la sociedad más rica pero más empobrecida y desconectada de todos los tiempos.

Y justo esta reflexión sobre el valor del tiempo de la que te hablo es la que me ha llevado a la realidad actual en la que estoy sumergido ahora mismo y que quiero compartir contigo en este libro. Esa reflexión sobre dónde poner mi tiempo y en qué experiencias gastar mi tiempo vital fue la responsable de que acabara en la otra punta del mundo abrazando mi presente, ese presente que, ahora sí, había construido yo mismo de forma consciente.

No se trata de filosofar en exceso, sino de no desconectar en exceso, de saber dónde estamos y de si realmente queremos estar en ese lugar.

Mi propuesta es que simplifiques y que vayas más ligero de equipaje para, de esta manera, utilizar todas las herramientas del entorno posibles a nuestro alcance a favor y nunca en contra.

No se trata de filosofar en exceso, sino de no desconectar en exceso, de saber dónde estamos y de si realmente queremos estar en ese lugar.

En esta obra pretendo contarte todo lo que puede suponer el minimalismo en tu vida, cómo puedes aplicarlo a tu realidad y cómo puedes ganar niveles de felicidad y libertad insospechados. Me gustaría que consumiéramos con consciencia, para que el consumo no sea una tragedia sino una bendición, que consigas una vida plena y conectada, y que esa vida que solo debes vivir tú, sea más tuya que nunca, porque acabamos habitando el mundo de la manera que otros planearon por nosotros.

Deseo que los seres humanos nos conectemos más, que entendamos que todos somos parte de una totalidad y que, tanto cada uno de nosotros como el conjunto que formamos, necesitamos estar saludables, crecer y experimentar con la mayor libertad posible. El minimalismo nos ayuda a ganar libertad, ligereza y consciencia para recorrer el camino con más facilidad.

Espero que en estas páginas encuentres inspiración y nuevas posibilidades para habitar en el mundo.

El futuro es minimalista

Minimalismo y capitalismo: ¿mundos opuestos?

Minimalismo es una de esas palabras que han llegado para quedarse. Y aunque hasta hace muy poco la utilizábamos para hablar de arte o de decoración, el minimalismo como forma de vida cada vez tiene más adeptos.

El minimalismo como forma de habitar el mundo nos aproxima a una experiencia vital más cómoda y sencilla, una vida con menos peso, pero por encima de todo nos lleva a una realidad más sostenible y respetuosa con el planeta, porque ayuda a que consigamos un equilibrio entre los recursos disponibles y nuestras necesidades.

Somos hijos del sistema capitalista, un sistema que nos provee de cualquier cosa que podamos necesitar, pero también de todo aquello que no necesitamos. Esto supone que en todo tu ciclo vital y hasta el día de hoy, que estás leyendo estas líneas, has comprado y consumido cosas que no necesitabas y, a veces, que ni siquiera querías. Pero, por favor, no culpes al sistema, somos nosotros los que no estamos usando al sistema de un modo eficiente.

El consumo determina el éxito del sistema y cuanto más puedas comprar, mayor será el aporte que estás dando al capitalismo que nos sostiene. Cuanto más se consuma, más movimiento tiene la economía y, por tanto, mejor nos va a todos: más trabajo, más negocios, más beneficios, más innovación etc. Y esto es algo que hasta ahora nos ha funcionado bastante bien.

Efectivamente, el sistema capitalista nos ha dado mucho, pero también ha sido un sistema lleno de imperfecciones y, sobre todo, de desconexión. Una desconexión que nos deja sin saber si lo que estábamos comprando tiene una utilidad real o no para nosotros, o si tiene una repercusión negativa para otros seres humanos, para los animales o para el ecosistema.

Bajo la premisa de comprar mucho y al menor precio posible, hemos crecido una serie de generaciones que vivimos en completa desconexión y sin saber las consecuencias de cada compra. Un proceso que consiste en comprar mucho, comprar barato y sin pensar si esa compra es necesaria o útil. En esta cultura de consumo no solo hemos finalizado los procesos de compra para cubrir alguna de nuestras necesidades, sino para cubrir carencias emocionales, vacíos imposibles de cubrir con esos objetos que comprábamos. El sentimiento de vacío nos lanza a comprar cosas que no necesitamos, para dar solución a necesidades que nada tienen que ver con el producto o el servicio adquirido. En ocasiones comprar más cosas nos lleva a una sensación de vacío interior, y he aquí una de las mayores contradicciones de la posesión de cosas; tener más para tener menos.

Cuando tenemos vacíos emocionales o algún trastorno del estado de ánimo, somos más fácilmente víctimas del consumo descontrolado. La oniomanía, un trastorno psicológico cuyo síntoma es un deseo desenfrenado por comprar sin que haya ninguna necesidad real, afecta al 6-7 por ciento de la población de los países desarrollados según un estudio del Hospital Universitario de Bellvitge[1].

Según este estudio, en la compra compulsiva intervienen «factores neurobiológicos, psicológicos y sociales», haciendo multifactoriales las razones que nos llevan a realizar estas compras compulsivas.

Javier Garcés, psicólogo experto en comportamiento del consumidor, ha realizado varios estudios sobre el consumo. En uno de sus trabajos Garcés establece cómo la ansiedad es un factor relacionado con la falta de control en las decisiones de compra por parte de los jóvenes[2]. En este estudio se extraen interesantes y reveladoras conclusiones del tipo:

«

El consumismo, entendido como deseo constante por adquirir cosas nuevas, al margen de su utilidad o necesidad, está claramente relacionado con el nivel de ansiedad, tanto en hombres como en mujeres [...].

Un nivel alto de ansiedad está claramente correlacionado con la insatisfacción personal, la sensación de tedio o aburrimiento y la falta de alicientes no consumistas. La frecuente conjunción de todos estos factores en las mismas personas explica los problemas de adicción al consumo, la atracción desmedida por los estímulos consumistas, la falta de autocontrol en el gasto y la compra no responsable, que son problemas de gran importancia y rápido crecimiento en la sociedad actual y que tienen especial incidencia en los jóvenes.

»

Observamos, por tanto, que detrás de nuestro consumo se esconde mucho más de lo que vemos y creemos controlar. Bajo el exceso de compras, pérdida de control e inconsciencia en nuestro consumo, se esconden algunos de los grandes males de nuestra sociedad actual que hacen que estemos desconectados de nosotros mismos y de nuestras propias decisiones.

Pero no he venido a asustarte con razonamientos sobre el riesgo a las adicciones vinculadas al consumo ni de las grandes trampas del sistema capitalista. Solo te quiero informar de lo que ha sucedido hasta el momento en nuestras vidas, que es una desconexión con nosotros mismos, y lo que debemos llegar a realizar en el futuro: una conexión real con nosotros y con el entorno. No se trata de cambiar de sistema económico, sino de utilizarlo para mejorar nuestra vida y la del planeta.

Nuestro sistema es el modelo más perfecto y global que hemos tenido hasta el momento. Lo que ocurre es que, hasta ahora, no hemos sido conscientes de los beneficios que podemos extraer de él, y de cómo esos beneficios dependen de estar en constante conexión con nosotros mismos y con nuestras acciones. Estamos muy dormidos, no mantenemos la consciencia en nuestra acción de comprar, y lo realmente interesante es que en el acto de comprar encontramos el poder para transformar la realidad.

El capitalismo ha sido la forma que hemos tenido para ser ciudadanos libres. Nunca a lo largo de la Historia habíamos sido más libres, nunca nos habían tenido tan en cuenta. Creemos que nuestro voto es el que depositamos en las urnas para elegir a nuestros futuros presidentes, pero lo cierto es que el voto real en el marco capitalista es el que realizas cada día depositando tu dinero en un lugar u otro.

Creemos que nuestra única responsabilidad es elegir a nuestros gobiernos. Nos convertimos en sujetos pasivos y entendemos que nuestras acciones no tendrán repercusión alguna. Tras depositar nuestro voto en las urnas, pensamos que ahora son esos gobiernos los que salvarán los océanos, reducirán las emisiones de CO_2 y generarán riqueza en nuestra región. Pero lo cierto es que cada acción que realizamos tiene un resultado en el sistema. Formamos parte del mercado y la responsabilidad reside también en cada uno de nosotros. Cuando los problemas son endémicos, todas las partes de la ecuación se despejan, tenemos nuestra respectiva cuota de responsabilidad; nuestro compromiso no debe acabar cuando ejercemos el derecho al voto.

En mi caso soy vegano, y como tal compro solo productos de origen vegetal. Evidentemente, yo como individuo aislado no supongo nada, pero cuando muchas personas hacen un mismo tipo de consumo, llevan a cabo el mismo gesto, el mercado cambia y eso es más eficaz que los cambios de gobierno.

Cuando yo empecé hace ya muchos años a llevar una alimentación vegetal, en los supermercados era impensable encontrar leches vegetales, ni siquiera de soja. Sin embargo, años después, los consumidores, ejerciendo nuestro poder democrático con el consumo, conseguimos que hoy en día todos los supermercados tengan bebidas vegetales, que el consumo de leche animal haya descendido y que muy pronto sea un producto minoritario. Esto puede parecer algo sin importancia, pero tan solo con la modificación en la elección de compra de muchas personas se generó un cambio. Un cambio que tiene una serie de consecuencias a muchos niveles. Ahora muchas personas han mejorado su salud, se han dejado de sacrificar y torturar animales, se ha hecho un aporte importante a los ecosistemas, y se ha colocado un pequeño grano de arena para reducir las emisiones de CO_2.

En ningún otro periodo histórico los individuos habíamos tenido tanto poder como hasta ahora. Por ello, el minimalismo bien entendido no es aquello que está en contra del consumo, no pretende derribar el sistema bajo el lema de no consumir o no comprar, sino que se trata de utilizar el potencial de los mercados para mejorar nuestras vidas y la realidad del planeta.

Por ello, el minimalismo bien entendido no es aquello que está en contra del consumo, no pretende derribar el sistema bajo el lema de no consumir o no comprar, sino que se trata de utilizar el potencial de los mercados para mejorar nuestras vidas y la realidad del planeta.

Criticamos el libre mercado, asumimos que el capitalismo es nuestro enemigo, pero te diré que cuanto más libre es el mercado, más poder tenemos cada uno de nosotros para cambiar las cosas como consumidores. Cuando cuestionamos a las grandes empresas por producir en Asia, en realidad restamos nuestra parte de responsabilidad en la ecuación y minimizamos la importancia que tenemos en la oferta de esos productos. Fuimos nosotros los que decidimos comprar tres camisetas al mes por menos de 10 €, sin importarnos si era o no sostenible, si las empresas cumplían con los derechos tanto personales del trabajador como de producción y comercialización mínimos, si fue producido por niños o si es un producto de proximidad. Nosotros elegimos qué tipo de producto comprar; por tanto, todos tenemos nuestra cuota de *responsabilidad*, esta palabra que tan poco nos gusta.

Yo asumo mi cuota de responsabilidad en todo esto y, por supuesto, no quiere decir que me responsabilice ni adquiera el peso total de lo que se produce en el planeta, pero sé que no es responsabilidad de unos pocos, sino de todos, y en ese «todos» entro yo. Si tú y yo somos responsables en parte de los procesos que suceden a nuestro alrededor, también tenemos parte de las soluciones y de las posibles mejoras.

El mercado nos da lo que le pedimos. Si estás a favor de algo, vota cada día por ello con tu consumo. Yo, como te dije, compro todos mis productos 100 por cien de origen vegetal y ese es mi voto, ese es el mensaje que le doy al sistema. Por supuesto, tiene consecuencias, porque, como cada vez más personas optan por productos vegetales, tenemos al alcance más opciones y se genera un mercado más amplio y rentable para que en el futuro próximo nuevas empresas nazcan y crezcan ofertando este tipo de productos.

Lo que compras hoy, tiene una repercusión en el mañana.

Minimalismo no es ir en contra del sistema, sino utilizarlo para ser más libres, más conscientes, poner nuestros recursos en cosas que nos hacen felices a nosotros y que también cambian el mundo. No hay nada más revolucionario y democrático que consumir de forma consciente. El reto de esto es que debemos asumir nuestra responsabilidad, no culpar a los gobiernos, al sistema o las grandes corporaciones, sino asumir nuestra parte de responsabilidad en la globalidad y actuar en consecuencia.

Tener consciencia de cada consumo que hacemos es vital, porque con cada decisión de compra estás construyendo el futuro. Lo que compras hoy, tiene una repercusión en el mañana. Si todos los consumidores comenzamos a pensar que el plástico es un problema, que es lo que está ocurriendo en la actualidad, y comenzamos a demandar otro tipo de envases y soluciones, con el tiempo tendremos en los supermercados nuevas opciones que cambiarán las cosas en la tierra para siempre. Lo mismo con el consumo de productos de origen animal, envases desechables, comercio justo, aceite de palma, etc. Cada decisión que hacemos como consumidores tiene una respuesta global en el planeta y por supuesto en nuestro presente, en nuestra salud, estado de ánimo y forma de vivir.

Hace tiempo que los consumidores dejamos de pensar solo en el precio como indicador principal a la hora de seleccionar un producto. Aunque queda un largo camino, infinito diría yo, es cierto que, si a la mayoría de los consumidores nos ofertan un producto al mismo precio que otro que sea, por ejemplo, biodegradable y orgánico, la estantería de ese producto quedaría vacía. Otra cosa será que a medida que aumenta el precio del producto deseado la intención de compra se iría dividiendo, porque, a pesar de que cada vez somos más conscientes como consumidores, seguimos expuestos a la cantidad de capital disponible por persona, es decir, nuestra libertad está limitada a nuestro nivel de ingresos. Pero nada que deba alarmarnos, ¿acaso crees que los primeros *Homo sapiens* no tenían limitaciones en recursos disponibles? En realidad, mucho más que ahora. Ellos ni de lejos jugaban a nada parecido al capitalismo, pero, como cualquier especie, tenemos limitaciones en nuestras elecciones, aunque a veces creamos que eso es malo o frustrante, no lo es y establece un orden natural. De hecho, la escasez no tiene por qué ser algo negativo para las especies, en el caso de los primeros primates les sirvió para evolucionar, contemplar nuevas formas de alimentarse, de habitar en el entorno, cambiar de territorio y relacionarse con el medio, nos ayuda a optimizar la obtención de recursos.

Debemos comprar menos tangibles para destinar nuestros recursos a intangibles o cosas reducidas.

En estos momentos estamos en un punto crítico: la población crece, los recursos son limitados y debemos modular nuestro consumo. No basta con que sea un consumo consciente, también tiene que ser un consumo que requiera menos recursos. Debemos comprar menos tangibles para destinar nuestros recursos en intangibles o cosas reducidas. La economía debe seguir moviéndose y creciendo, pero en otra dirección. No podemos estar comprando cosas de plástico y kilos de ropa cada mes; en su lugar tendremos que hacer que el sistema siga girando y generando riqueza con menos uso de recursos, de mayor calidad, mejor producidas y que generen riqueza real. Debemos cuidar más los alimentos que compramos, tender a productos que son ecológicos y de proximidad, y como te decía que tendamos a lo intangible; formaciones *online*, *ebooks*, idiomas, *software*, etc. En realidad, no es más que emplear nuestros recursos y tiempo en cosas que necesitemos, que nos hagan más valiosos.

El mercado funciona bajo el equilibrio de la oferta y la demanda. Si, por ejemplo, el interés por los envases biodegradables aumentara y hubiera una intención de compra real por parte de los consumidores, nacerían empresas que intentarían cubrir esta necesidad. Por otro lado, las empresas existentes que están ofertando envases no biodegradables empezarían a producir otro tipo de productos que se adapten a la nueva demanda. Al mismo tiempo, las empresas que no consigan adaptarse a lo que el consumidor demanda se acabarán extinguiendo. El mercado mediante ese equilibrio cambiante de oferta y demanda habrá cambiado la realidad. Esto es lo más parecido a lo que Darwin planteaba en la selección natural de las especies, pero en este caso, la supervivencia no depende de la adaptación al medio, sino de la rentabilidad o no del producto ofertado.

Como te dije, en los sistemas capitalistas la democracia reside en el consumo y no en el partido político al que votamos cada periodo. El futuro lo marcan los mercados y los consumidores. Sin saberlo, somos los que determinamos en gran medida lo que ocurrirá mañana. Evidentemente, esto es una simplificación muy grande de muchos factores, y habría mucho que matizar, pero es interesante reflexionar sobre la idea de que, como consumidores, tenemos poder para cambiar las cosas. Precisamente eso es para mí el punto más favorable de nuestros sistemas, que unidos somos capaces de modularlo.

Aunque no reparamos en ello, cuanta mayor libertad económica tenga un país y, por tanto, menor control del Estado, mayor libertad tienen los mercados y más capacidad de elección tienen los consumidores.

Es interesante que los estados favorezcan la competencia para que los monopolios u oligopolios se extingan, que cada consumidor sea capaz de tener la mayor oferta de opciones posibles para elegir dónde quiere poner su capital; capital que es el voto que cambiará la realidad de su entorno.

Por ejemplo, en muchas ciudades se han creado nuevas formas de transporte que hasta hace muy poco no existían. Estas nuevas formas de movernos en las ciudades están modificando el entorno: patines eléctricos, coches de alquiler por horas con motor eléctrico, motos eléctricas distribuidas por las calles, bicicletas de alquiler... La realidad de las ciudades ha cambiado en poco tiempo, y esto hará que, si se siguen usando estas nuevas alternativas, se traducirá en menor polución y un aire más limpio y puro, menos tráfico, etc. Todo ello gracias a los consumidores que optaron por esos transportes y a las empresas que arriesgaron su capital en esos proyectos. Digamos que, gracias a la oferta y demanda conscientes, hemos empezado a cambiar el entorno urbano.

El minimalismo propone que, en cada parte de tu vida, ganes poder y no hagas un consumo inconsciente, que hagas la compra y selección de cosas en función de su utilidad, que tengas en cuenta lo que va a reportarte a ti y al planeta, porque debemos consumir teniendo en cuenta también nuestros valores.

Entendiendo esto, si miras a tu alrededor, verás que, efectivamente, el 90 por ciento de las cosas que tienes no las necesitas. Has estado comprando cosas innecesarias durante muchos años, compras que han causado un daño a nivel planetario, porque cada pequeño objeto que se produce deja una huella, huella que es innecesaria en la mayor parte de los casos.

Por supuesto, también habrás hecho compras y aportaciones que hacen que hoy el mundo sea algo mejor; no todo lo que se compra tiene implicaciones negativas. No quisiera que nos quedáramos con esa idea. Por ejemplo, el consumo de cursos digitales o de libros electrónicos fomenta que el formato digital sea más comercializado y rentable, que se genere una economía donde no se gastan recursos. Cuando elegimos este tipo de productos, estamos haciendo una contribución a que este mercado siga creciendo y desarrollándose, y si todos lo apoyamos, esta economía es rentable y creciente.

Si, por el contrario, alguna vez has pirateado un libro digital, es decir, no has pagado por él, has contribuido a que el mercado de los libros digitales no sea rentable y, por tanto, que el negocio no siga creciendo. Tu voto, que es tu consumo, ha sido negativo al libro digital al no haber aportado tu dinero a este mercado. Donde pagas, pones tu aporte para rentabilizar ese producto.

Cada elección que hacemos tiene una respuesta en el mercado. Si mañana todos dejamos de consumir el producto contaminante X, este dejará de ser rentable y desaparecerá de las opciones de compra del mercado. Por eso es tan importante la formación, la información y la consciencia de todos los consumidores que, en realidad, somos todos los seres humanos.

El capitalismo puede ser una herramienta maravillosa para crear, pero también un arma de destrucción masiva, que, como veremos en los siguientes capítulos, puede acabar con el planeta. La solución no está en eliminar el sistema, sino en saber utilizar su poder para sobrevivir como especie.

El minimalismo en todas sus capas

El minimalismo como forma de vida, no solo habla de ropa como se cree, hace referencia a la alimentación, finanzas, emociones, mobiliario, viajes y, en definitiva, a cualquier aspecto de nuestra vida.

El minimalismo hace que seamos capaces de vivir con menos cosas y por tanto con más capital disponible para cada una de ellas y por supuesto más consciencia.

El minimalismo, como hemos visto anteriormente, no es ir contra el sistema y no comprar nada, pasar de todo a nada; es dejar de comprar productos y servicios a precios muy bajos, en grandes cantidades que acaban siendo dañinos para el planeta y para nosotros mismos. Esto supone pasar a comprar otros productos y adquirir otros servicios que minimizan la huella y nos proporcionan utilidad. Comprar barato en grandes cantidades para eliminar en poco tiempo ha dejado de tener sentido, y nuestra supervivencia como especie depende de que despertemos y seamos capaces de usar el poder que tenemos como sociedades complejas para que nuestro consumo sea inteligente.

El minimalismo habla de simplificación, de vivir la vida con menos peso y menos apegos, de vivir más en tu propia esencia y no poniendo foco en las cosas materiales que nos rodean. Me sorprende saber que estando en el momento de la humanidad donde más oportunidades tenemos, donde más acceso a alimentos, sanidad, higiene y comodidades que jamás hemos tenido, seamos una sociedad tremendamente empobrecida y desdichada, con carencias importantes que afectan a nuestro desarrollo, como grandes problemas de autoestima, ausencia de valores y mucha insatisfacción personal. Aunque hay personas que niegan esta evidencia, lo cierto es que la esperanza de vida nunca fue tan alta y nuestro acceso a alimentos nunca estuvo tan asegurado en tantos países como hasta ahora. Vivimos mejor y más comunicados que nunca, sin embargo, nuestros niveles de felicidad y bienestar personal no van en consonancia con esta realidad del siglo XXI.

El minimalismo hace que seamos capaces de vivir con menos cosas y por tanto con más capital disponible para cada una de ellas y por supuesto más consciencia.

Nuestra esperanza de vida ha mejorado ampliamente a lo largo de los años debido a la mejor calidad de vida y a todos los avances médicos. Según datos extraídos del Instituto Nacional de Estadística[3], en un país como España la esperanza de vida en 1975 era de 73,47 años. En 2018 esta cifra se incrementó hasta los 83,19 años. Sin embargo, si viajamos más atrás en el tiempo, los datos son más reveladores aún. En 1900 la esperanza de vida de la media de ambos sexos era tan solo de 34,46 años[4]. De aquí podemos deducir que desde 1900, momento en el cual encontramos los primeros datos fiables, hasta el 2018 la esperanza de vida se ha incrementado en 48,73 años.

En el estudio *Esperanza de vida en España a lo largo del siglo XX*, que analiza en profundidad diversos factores en torno a la evolución de la mortalidad desde el año 1900, se concluye:

«La mejora en la esperanza de vida en los dos primeros tercios del siglo XX se debe en gran parte a la mejora de las condiciones de vida de los niños, pero en el último tercio del siglo parece estar mucho más relacionada con la mejora de la asistencia sanitaria y su extensión a toda la población, beneficiando especialmente a los mayores de 65 años».

Estos datos determinan cómo la evolución de nuestro estilo de vida repercute directamente en la esperanza de vida. Tenemos mejor sanidad y acceso a ella, mejor higiene, menor desigualdad y un incremento sin precedentes al acceso a los alimentos básicos. Nuestro estilo de vida ha mejorado drásticamente y aunque podamos ser críticos con la desigualdad y con todas las mejoras que tenemos por delante, lo cierto es que vivimos mejor que hace años por muchas razones. Cada país tiene una realidad diferente y generalizar es muy complejo, pero en términos absolutos vivimos la etapa más segura como seres humanos.

No solo la esperanza de vida nos sirve como indicador de cómo hemos conseguido vivir más y mejor. Si observamos la evolución que ha tenido la sanidad, nuestro acceso a alimentos e incluso nuestro acceso a la educación, veremos que todas nuestras necesidades básicas están más cubiertas que nunca, incluso para las personas en exclusión social, que nunca tuvieron tanta red de rescate como hasta ahora.

Teniendo en cuenta los datos censales disponibles en España[5], los niveles totales de analfabetismo en ambos sexos se situaba en un 45,3 por ciento en el año 1900. En el año 2019 se fija en un 1,21 por ciento[6].

Creo que algo sobre lo que debemos reflexionar es el hecho de que países desarrollados que alcanzan su máximo esplendor económico y social, sociedades abundantes y acomodadas, aumenten cada año su tasa de suicidio. Según un estudio publicado por la Organización Mundial de la Salud[7], se concluyó que:

«

En 2012 el suicidio representaba el 1,4% del total de defunciones en todo el mundo y era la 15ª causa principal de la muerte.

Cerca de 804.000 personas se suicidaron en el mundo en el año 2012.

El suicidio es la segunda causa de muerte entre personas de 15 y 29 años.

Hay indicios de que, por cada adulto que se suicidó, posiblemente más de otros 20 intentaron suicidarse.

»

Un dato inquietante sobre el aumento de los suicidios es que afecta a todo tipo de países. El porcentaje de suicidio, aunque está relacionado con el nivel de ingresos de los países según el estudio, es debido a que la mayor parte de la población mundial ocupa el grupo de países de ingresos medios-bajos y medios-altos, que es donde más suicidios se producen. No obstante, los países de ingresos bajos en este estudio son los que menor tasa de suicidio presentan, apenas un 12 por ciento.

Según los datos del banco mundial en materia de suicidio[8] vemos que los países que lideran la lista porcentual de muerte por suicidio, a veces son países cuyas calidades de vida son altas. Por citar algunos casos significativos, en la lista de los 20 lugares con más tasas de suicidio en 2016 encontramos países como Lituania, Rusia, Corea del Sur, Bélgica, Hungría, Eslovenia, Japón, Uruguay, Estonia, Francia, Suiza o Croacia. Países que están con buenas tasas de desarrollo, altos ingresos y buenos niveles de vida.

Siempre pienso que no somos más felices y dichosos cuanto más tenemos. No se produce la proporcionalidad. En absoluto. No somos una sociedad más plena y completa cuanto más acomodados estamos o cuanto mayores niveles de formación adquirimos, ni siquiera cuando tenemos unos niveles de ingresos muy por encima de lo que necesitamos. El bienestar de una sociedad debería de medirse con indicadores mucho menos tangibles como la salud mental, personas con depresión, exclusión social a edades avanzadas, tasa de suicidios, percepción de la felicidad individual, relaciones sociales saludables, aislamiento social, etc. ¿Qué nos está pasando para ser la sociedad más privilegiada, pero para nada la más completa y feliz? ¿Qué nos falta y que nos sobra?

Según datos de la Organización Mundial de la Salud[9] publicados en 2017, el 4,4 por ciento de la población total sufre depresión a escala mundial. Algo similar ocurre con la ansiedad. En 2015 el 3,6 por ciento de la población mundial fue diagnosticada de ansiedad, lo que supone 265 millones de personas en todo el mundo. Además, este dato habla solo de las personas diagnosticadas, si fuéramos capaces de saber el total real y poder incrementar esos porcentajes con las personas que conviven con principio de depresión o ansiedad en algún momento de su vida o de forma crónica y que no son diagnosticadas ni tratadas, los datos nos harían temblar. No creo que exagere mucho si digo que no somos una sociedad feliz y que tenemos que reinventar la forma en la que habitamos el planeta.

El bienestar de una sociedad debería de medirse con indicadores mucho menos tangibles como la salud mental, personas con depresión, exclusión social a edades avanzadas, tasa de suicidios, percepción de la felicidad individual, relaciones sociales saludables, aislamiento social, etc.

Con estos datos e informaciones no quiero llevar a error, no es mi intención relacionar las altas tasas de suicidio o los trastornos del estado de ánimo con el mayor consumo, principalmente porque no sería cierto, pero sí pretendo llevarte a la reflexión de cómo es posible que, teniendo la capacidad de compra y calidad de vida más alta a lo largo de toda nuestra historia como humanidad, estemos con un nivel de insatisfacción tan elevado. Cómo es posible que las tasas de suicidio sigan creciendo y que algunos trastornos como la depresión o la ansiedad lleguen a un porcentaje tan alto de la población.

El consumo masivo y sin sentido creo que no es la solución a ninguno de nuestros problemas; de lo que sí estoy seguro es de que ese consumismo patológico nos está llevando a una mayor insatisfacción y a mover el sentido de la vida a un lugar nada saludable; la tenencia de cosas. Vivimos apegados a las cosas, independientemente de la utilidad que vayamos a obtener de ellas.

El minimalismo ya ha comenzado en ti

La vida minimalista, en muchos aspectos, ha comenzado ya en tu vida sin apenas darte cuenta, porque la evolución y el futuro así lo van a requerir. La evolución es minimalista, lo simplifica y lo reduce todo de forma natural.

Pensarás que cómo puedes estar haciendo prácticas minimalistas sin haber hecho nada al respecto aún, pero desde hace unos años las tecnologías han empezado a hacer su trabajo.

Hasta hace muy poco todos teníamos un ordenador de mesa y no un portátil, teníamos impresoras, Cd´s, discos duros, *pendrive*, fotos impresas, etc. Ahora la tendencia es que todos tengamos un ordenador portátil y un teléfono móvil con innumerables funciones y que, además, guardemos todos nuestros archivos en «la nube», es decir, hemos pasado de tener una cámara de fotos, una impresora, siete *pendrives* o USB, varios cd´s y fotos impresas, a tenerlo todo metido en un ordenador y un teléfono. Créeme que esto es un gran paso minimalista, y aquí está la clave de llevar una vida minimalista: Tener menos cosas, con el menor peso y tamaño, haciendo el máximo de funciones y usos posibles. Un mundo intangible donde cada vez tienen más presencia las cosas que no existen en el mundo material.

En este sentido los teléfonos móviles han sido una auténtica revolución. Sirven para hablar por teléfono, pero además de esta función inicial para lo que fueron creados, sirven para hacer videollamadas, como grabadoras de sonido, son cámaras de fotos y vídeo, puedes pedir comida, ligar o conocer gente; hacer operaciones bancarias, tener nuestras tarjetas de embarque y entrar al transporte sin necesidad de imprimir nada, además de cronometro, conversor de monedas, para ver películas, traductor de idiomas... El teléfono móvil es el mejor de los mapas, una brújula, podemos ver el correo, pagar sin tarjeta de crédito y un largo etcétera que transforma este pequeño aparato en una pieza con infinidad de funciones que hace que muchas de las cosas materiales que poseíamos en el pasado ya no nos sirvan. Con el móvil hemos dejado de usar cientos de otros objetos, hemos dejado de usar recursos innecesarios. ¿Recuerdas la última vez que utilizaste un mapa en papel? El móvil representa el símbolo de lo minimalista; el máximo de utilidad en el menor espacio y peso posible.

Considero que el principio de utilidad es la clave para construir una vida minimalista y saludable en todos los sentidos.

Considero que el principio de utilidad es la clave para construir una vida minimalista y saludable en todos los sentidos. Cuando tenemos que decidir si vamos a adquirir algo nuevo, o dudamos entre mantener o guardar algo o deshacernos de ello, debemos plantearnos qué utilidad nos va a aportar:

- ¿Es algo que realmente vamos a usar o, por el contrario, es algo prescindible?
- ¿Cumple con el principio de utilidad? Por ejemplo, si abrimos un armario de una casa, tendríamos que preguntarnos si realmente necesitamos veinte pares de zapatillas, veinte pantalones y cien camisetas en el armario.
- ¿Realmente hay tantos días al año para usar todo?
- ¿Qué es lo que no se está usando y qué no?

Aprender a tener solo lo que necesitamos es un ejercicio constante y permanente que probablemente nunca termine.

Actualmente todo mi armario cabe en una maleta de cabina, y eso es con lo que viajo y paso años enteros viviendo en diferentes partes del mundo y con diferentes realidades. Aun así, e incluso creyendo que me faltarán cosas, transcurrido el año completo, me doy cuenta de que hay ropa que no he utilizado. Incluso después de haberlo reducido al máximo, sigo estando multidimensionado. Imagino entonces lo absurdo que fue tener hace años dos armarios llenos de ropa, prendas que seguramente no me llegué a poner durante meses y años. Por supuesto, el resto de los objetos que no son ropa son más inquietantes aún: libros, tecnología desfasada y no utilizada, papeles y documentos almacenados, maletas, artículos de cocina, etc.

Para mantener este número limitado de prendas que tengo actualmente, además aplico el principio de la mayor simplificación, por el cual si yo compro algo nuevo es porque algo viejo debe ser eliminado porque su uso llegó a su fin: está roto, desgastado o inutilizable. No podemos olvidar que el día tiene 24 horas y la semana 7 días. A veces es matemáticamente imposible utilizar todo lo que poseemos, y no solo hablo de ropa, sino de cualquier objeto que podamos tener almacenado. Nos hemos convertido sin pensarlo en acumuladores y coleccionistas de cosas que no sirven para nada.

Pero el minimalismo no es algo que se haya descubierto hace dos días. En los textos budistas se hace alusión a la no tenencia de cosas y el trabajo del desapego hacia personas y cosas. En este sentido es muy interesante ser consciente que no solo tenemos apego a las personas, sino también a las cosas, objetos o servicios.

El budismo trata el apego en profundidad y tiene grandes enseñanzas al respecto. Matthieu Richard, monje budista, en su libro *En defensa de la felicidad*[10] afirma que:

«

Si miramos el objeto de nuestro apego con una simplicidad nueva, comprenderemos que no es ese objeto lo que nos hace sufrir, sino el modo en que nos aferramos a él [...].

El desapego es la fuerza tranquila de quien está decidido a no dejarse arrastrar por los pensamientos ni acaparar por toda clase de actividades y de ambiciones triviales, que devoran su tiempo y en definitiva solo aportan satisfacciones menores y efímeras.

»

Para el budismo, una de las grandes enseñanzas que hemos de ser capaces de desarrollar en nuestra experiencia vital es el desapego; un desapego que contempla la totalidad: personas, objetos, resultados, y, en definitiva cualquier aspecto de nuestra vida que nos haga crear dependencia hacia algo.

Pero no solo el budismo habla del desapego o de minimizar la tenencia de cosas. Grandes pensadores, religiones y corrientes espirituales basan parte de sus enseñanzas y estilo de vida en la austeridad y la simplicidad en la vida, a lo que dedicaremos un capítulo en este libro.

Como te decía, desde hace varios años he reducido hasta límites muy extremos la posesión de cosas. En este momento todas mis posesiones físicas caben en una maleta pequeña de cabina. Toda mi ropa, accesorios de baño, tecnología y todo lo que puedas imaginar, se reduce tan solo a esa pequeña maleta. Sé que puede parecer demasiado extremo o que se aleje de la realidad de muchas personas, pero hasta hace tan solo unos años yo pensaba lo mismo. El minimalismo no solo está más cerca de tu realidad de lo que crees, sino que además es un proceso liberador que aporta más de lo que supone el esfuerzo de aplicarlo. Llevar una vida minimalista resta peso y aporta una gran sensación de libertad y plenitud, de caminar por la vida sin cadenas ni peso.

Sin embargo, y para que no haya lugar a errores, el minimalismo no consiste en no tener, por el mero hecho de restringir la posesión de cosas, sino en tener lo que realmente necesitas y quieres. El minimalismo significa tomar el control sobre lo que consumes y eliges poseer.

Hacer este ejercicio de simplificación facilita al máximo la vida, nos llena de orden mental y emocional, nos hace ir ligeros en todos los sentidos de la palabra, nos permite conectar con nosotros mismos con mayor facilidad. Es una forma de ordenar la vida que consigue centrarnos en nuestro interior y no en lo que hay fuera. Elimina distracciones y clarifica los objetivos vitales de cada individuo.

El minimalismo significa tomar el control sobre lo que consumes y eliges poseer.

Evidentemente, no todo el mundo puede estar al mismo nivel. La reducción y la simplificación de cosas depende de tu actividad profesional, estilo de vida, tipo de familia, etc. Pero en todos los casos podemos optimizar el proceso hasta que este estilo de vida nos aporte un beneficio significativo a nuestra realidad.

Llevar el minimalismo a todos los puntos de tu vida es un trabajo, porque, aunque tendemos a creer que el minimalismo es tener un armario con pocas cosas, como verás en los diferentes capítulos de este libro, el minimalismo se puede aplicar a cualquier ámbito de la vida.

Minimalismo y moda: el primer paso para muchos

¿Qué está pasando con nuestra forma de consumir?

Una de las principales cuestiones que nos puede venir a la cabeza al hablar de minimalismo es la ropa. Es interesante pensar en la repercusión planetaria que tiene esa pequeña montaña de ropa que almacenamos a lo largo de nuestra vida y que sabemos que podemos reducir con gestos muy sencillos. La moda forma parte de nuestra cultura y, de algún modo, hemos sido absorbidos por un mercado que se ha sabido adaptar cada vez con mayor precisión a todo tipo de mercados, intereses y preferencias.

Poseemos más prendas de las que necesitamos y eso es una obviedad. Tenemos grandes armarios donde no entra ni una sola percha más, y entre nuestra ropa almacenada, incluso podemos encontrar algunas prendas con etiquetas esperando a ser estrenadas. En los lugares donde hay diferencia de temperatura entre estaciones, es común que la gente tenga cajas fuera del armario donde se almacena la ropa de invierno o de verano, y que se vaya alternando según la época del año en la que nos encontremos. Hemos normalizado la tenencia exacerbada de ropa, y las previsiones son que el consumo de ropa seguirá incrementándose. Ropa barata, ropa de usar y tirar.

Sin embargo, el desarrollo de la industria textil es algo relativamente reciente, el crecimiento exponencial se ha producido en apenas cincuenta años con cambios muy rápidos y acertados; reducción del precio de las prendas, modernización de los puntos de venta, internacionalización y deslocalización de las producciones. Pero, a pesar de todos estos cambios que han garantizado el éxito de la rentabilidad de este sector, lo realmente llamativo es sin duda el cambio que se han producido en los consumidores. El consumo de ropa ahora es más frecuente en el tiempo, a un precio inferior y, además, con una reducción notoria en la vida útil de cada prenda, hemos pasado a tener las prendas más perecederas de nuestra historia.

Para que nos hagamos una idea de cómo nos relacionamos con la ropa en el momento actual, lo mejor es reflexionar sobre la evolución que hemos realizado respecto a su consumo. Según el estudio del sector textil[11] en 2018, en un país como España cada persona gastó de media en ropa y calzado una cantidad que asciende a 565,7 € al año. Además, se estima que para el año 2023 esta cantidad se habrá incrementado en un 16 por ciento.

Entre el año 2000 y el 2015 se ha duplicado la producción de prendas en todo el mundo según el estudio de la Fundación Ellen McArthur[12], cifra nada despreciable que nos muestra la evolución del mercado de la moda y hacia dónde estamos yendo. Cada vez gastamos más, cada vez tenemos más necesidad de comprar, pero al mismo tiempo no percibimos con claridad lo excesivo de nuestro consumo.

Si en tan solo 15 años hemos duplicado la producción de ropa y las previsiones apuntan a que seguirá creciendo, ¿cómo vamos a seguir relacionándonos con el consumo de moda en los próximos años si ya en el momento presente hemos entrado en un laberinto de donde nos cuesta salir?

La producción de prendas por parte de la industria de la moda tiene consecuencias, no solo a nivel de consumo de recursos, sino en contaminación de tierras, aguas y también en la salud de los trabajadores que se encargan de producir la ropa que compramos. Estamos ante una industria cada vez más *low cost* y al mismo tiempo menos ética y más contaminante. Tan solo entre los años 2000 y 2014 se ha estimado que una persona promedio compra un 60 por ciento más de ropa y la durabilidad de esa ropa es la mitad que hace 15 años[13]. Es decir, compramos más y tiramos más. Hemos entrado en un punto de consumo incoherente lleno de problemas para nuestro entorno que no se ve justificado por el uso real de las prendas. Los datos nos muestran la tendencia; vamos a comprar más cantidad de ropa, esa ropa cada vez va a estar menos tiempo con nosotros y como consecuencia, seguiremos incrementando los residuos textiles que ya son muy elevados.

Por cierto, con relación a los residuos que producimos al eliminar la ropa en la basura, se estima que el 95 por ciento de todo lo que acaba en la basura se podría haber seguido utilizando o haber tenido una segunda vida[14].

Cada prenda requiere tejidos, tintes, manufactura, embalajes y transporte. Cada prenda deja una huella en el planeta que estamos haciendo cada vez más grande debido al uso inconsciente y creciente de más y más ropa.

Pensamos que comprar una camiseta de algodón no supone demasiado, que es un acto cotidiano sin demasiada repercusión; sin embargo, para conseguir tan solo un kilo de algodón se han requerido 10.000 litros de agua y además, la producción de algodón está concentrada en determinados países como China, India o Estados Unidos[15]. Movemos las materias primas a los países donde se fabrican las prendas desde los lugares donde se produce el algodón, y después transportamos las prendas a las diferentes líneas de distribución, un camino largo y altamente contaminante. Además, las fábricas donde se produce la mayor parte de esa ropa tienen una regulación muy laxa en materia ecológica, por lo que la mayor parte de las aguas de teñido o blanqueado acaban vertiéndose a los ríos o aguas subterráneas de las zonas fabricantes, suponiendo auténticos desastres naturales.

Con estos datos no es extraño que la ONU en su estudio sobre comercio y desarrollo de 2019[16] concluyera que la industria de la moda es la más contaminante después que la del petróleo.

Pero si estos datos pueden resultar inquietantes en relación con la repercusión medioambiental y consumo de recursos, se estima que el 40 por ciento de toda la ropa que tenemos en el armario no se utiliza[17]. A medida que la industria ha abaratado el precio de cada prenda, hemos incrementado nuestra capacidad de comprar, de almacenar, de no usar todo lo que tenemos y de generar basura en forma de ropa. Hablando de residuos, solo en España se producen más de 900.000 toneladas de basura textil[17] y haciendo un cálculo rápido, podemos estimar que cada español produce de media 14 kilogramos de residuos textiles al año. Compramos y tiramos ropa como en ningún momento de nuestra historia.

Y es normal que nuestra capacidad de compra se haya incrementado en los últimos años, ya que el precio de la ropa ha descendido drásticamente en estos últimos periodos; comprar ropa cada vez es posible a un menor precio. Según Green Peace[13], en América del Norte se estima que cada ciudadano compró una media de 16 kilogramos de ropa en el año 2014; según afirman esta cantidad equivaldría a 64 camisetas.

Un dato que me inquieta mucho, y que ya hemos mencionado anteriormente, es que más allá del consumo desmesurado e insostenible de ropa, es que al tiempo que incrementamos el consumo en ropa, estamos reduciendo la vida útil de cada prenda; concretamente desde 1992 hemos reducido la vida útil de las prendas en un 50 por ciento[13]. Esto quiere decir que compramos mucho más, pero que también tiramos mucho más porque reducimos el tiempo que permanecemos con cada prenda de ropa. ¿No te parece que es un consumo excesivamente poco práctico?

Con este incremento del consumo en la industria de la moda, no nos puede sorprender que una de las mayores fortunas del mundo esté en manos de Amancio Ortega, según establece la revista *Forbes* en 2019. El propietario de Inditex ha conseguido internacionalizar y rentabilizar el negocio de la moda como nadie y sus empresas lideran los *rankings* de ventas en el mundo. La moda nunca fue tan rentable e internacional como hasta ahora.

Pero que en Occidente la ropa sea cada vez más económica no es un milagro o un proceso al que podamos responsabilizar a la tecnología, al menos no por el momento. El hecho de que la industria de la moda haya conseguido reducir el precio por prenda y que podamos salir de una tienda con varias bolsas por unos pocos euros, se debe a la deslocalización, de la cual seguro has oído hablar en algún momento. Desde 1970 las grandes compañías deciden deslocalizarse y llevar su producción a países en los que la mano de obra es más barata; tan barata que a veces se llegan a ahorrar un

80 por ciento solo en salarios. Pero esta deslocalización no solo afecta a los salarios, sino a las medidas de seguridad, legislación, seguridad de los trabajadores, condiciones de las fábricas, etc.

Países como Vietnam, Bangladesh, China, India o Camboya son algunos de los protagonistas de esta deslocalización. De esta forma, las políticas y medidas de protección a los trabajadores por parte de las empresas europeas desaparecen al llevarse la producción a países donde esas normas laborales no existen. Cuando compramos barato, rápido e inconscientemente, no es algo casual, algo está pasando en el otro lado del planeta.

Aunque es un abuso lo que están haciendo las grandes compañías de la moda, lo cierto es que muchos de estos países viven y han mejorado su situación gracias a esta deslocalización, ya que esa entrada de dinero no se hubiera producido de otro modo.

Aunque es un abuso lo que están haciendo las grandes compañías de la moda, lo cierto es que muchos de estos países viven y han mejorado su situación gracias a esta deslocalización, ya que esa entrada de dinero no se hubiera producido de otro modo. Mantener el equilibrio para que ese acuerdo se mantenga en una situación de «ganar-ganar» depende de ambas partes, pero sabemos quiénes ganan en todo esto: las grandes compañías. Cuando llevan una fábrica a un país subdesarrollado, por supuesto que ese país lo percibe como algo positivo y mejora su situación, ya que consiguen empleo varios miembros de la familia y tendrán más recursos; sin embargo, no es una situación de igualdad porque en este acuerdo una de las partes tiene una situación de poder y privilegio muy marcada.

Lo que ocurre es que no podemos culpabilizar a ninguna de las partes, nosotros también somos parte de ese engranaje. Somos nosotros, los consumidores, los que alimentamos a esa industria; somos nosotros los que tomamos la decisión de qué consumir, los que valoramos el precio bajo más allá de cualquier otra cosa y los que decidimos acumular montañas de ropa sin importar ni siquiera si la vamos a utilizar o no. No quiero con esto culpabilizar al consumidor, tampoco a la industria, simplemente poner sobre la mesa que todos los eslabones de esta cadena somos responsables. No es un problema tuyo o mío, tampoco de las grandes compañías y, mucho menos de los países con legislaciones laxas en cuanto a legislación laboral. Este tema es algo de lo que todos somos responsables, porque se trata de un problema endémico que a todos nos afecta. No podemos simplificar un acuerdo que afecta a tantas partes en tantos lugares del planeta. El despertar ha de ser colectivo, o no será.

Como hemos visto, la industria cada vez produce más prendas, los consumidores compramos más y más barato, y también generamos más residuos textiles. Con el armario lleno de ropa que, como vimos, solo será usado en parte porque el 40 por ciento de esas prendas no son utilizadas. Tenemos unas prendas favoritas y cómodas que son las que realmente usamos y nos ponemos, y a pesar de tener tanta ropa, la sensación que nos acompaña siempre es la de no tener suficiente. Si solo usamos una parte de lo que tenemos en el armario, esto significa que nos ponemos siempre un grupo de prendas concretas, las que vamos a llamar «prendas útiles». Dentro de ese elenco de prendas que tenemos, poseemos, además, un gran número de prendas que pasan desapercibidas, es decir, más allá de las prendas que usamos y las que no, hay un número de prendas que ni sabemos que tenemos y si desaparecieran mañana ni siquiera nos daríamos cuenta, las ponemos llamar «las prendas invisibles». En resumen, tenemos mucha ropa, pero utilizamos solo una pequeña parte, y de esa parte no utilizada hay algunas prendas que son completamente invisibles y que no recordamos tenerlas hasta que las vemos.

Quizá no tengamos un presupuesto alto, que nuestro salario no sea uno de los más abultados; sin embargo, sea cual sea nuestra situación, necesitamos un presupuesto para ropa. Prácticamente cada mes tienes la necesidad de comprar algo nuevo. Como si de un coleccionista se tratase, todos nos aferramos a seguir sumando nuevas prendas a nuestra colección, aunque no entre en nuestro armario, aunque no tengamos tiempo material para utilizar todo. En esta nueva concepción de la moda, nunca tenemos suficiente, siempre nos falta algo. Vivimos con más ropa que en toda la historia de la humanidad; sin embargo, en nuestra mente tenemos sensación de escasez, sensación de que algo falta. ¿Te suena este sentimiento?

A la inseguridad que tenemos en nosotros mismos, hay que sumar la que decidimos adoptar impuesta por la industria de la moda. Este es un elemento básico para mantener esta rueda de compra de ropa que genera insatisfacción constante. Necesitas afianzar tu seguridad comprando ropa nueva; ropa que hace que te sientas con más seguridad. Sin embargo, como es una inseguridad que procede de dentro, pero que se cubre desde fuera, en un tiempo sientes la necesidad de volver a comprar ropa: es la droga del consumidor.

La industria de la moda cambia sus tendencias cada año y no es algo casual; cambiar los cortes de la ropa, los colores o los tejidos hace que cada temporada haya ropa nueva que comprar para ir acorde a la tendencia del momento. Puede que esto suene muy lejano o ajeno a nosotros, pero lo cierto es que, casi sin darnos cuenta, todos vamos igual según el periodo o la estación en el que estemos.

Necesitas afianzar tu seguridad comprando ropa nueva; ropa que hace que te sientas con más seguridad.

La ropa pesa, tener un armario lleno de miles de prendas que ponerte es pesado para tu vida y para tu mente. Tener que comprar más cantidad de prendas es más pesado aún, pero, sobre todo, tener la sensación de no tener lo suficiente es algo que funciona en nosotros como un castigo. Tu presupuesto está sobredimensionado, por ello no se generan grandes ahorros ni activos financieros y, en algunos casos, podemos llegar a la adicción a las compras, endeudarnos y tener grandes problemas psicológicos y financieros.

Principio de unidad

Cómo empezar a reducir: un trabajo consciente

Para comenzar a aplicar el minimalismo a la reducción de ropa, debemos poner en marcha en nuestra mente el principio de utilidad; hacernos la pregunta de qué necesito realmente para vestir, pero, además, como ya estamos educados en un sistema anti minimalista, tendremos que establecer límites numéricos, de espacio y/o de presupuesto. No podemos dejar en libertad a nuestras emociones porque esta parte de nosotros es capaz de justificar o suponer lo que necesitaremos en el futuro. Cuando nuestra parte irracional toma las decisiones, supondrá que no alcanzaremos nuestro objetivo, ya que a esa parte del cerebro le encanta acumular. La clave son los objetivos claros y medibles, poner fechas y comprometernos para racionalizar al máximo el proceso.

Cuando nuestra parte irracional toma las decisiones, supondrá que no alcanzaremos nuestro objetivo, ya que a esa parte del cerebro le encanta acumular. La clave son los objetivos claros y medibles, poner fechas y comprometernos para racionalizar al máximo el proceso.

Primero, debemos poner un objetivo general de hasta dónde queremos y estamos dispuestos a llegar. Debemos saber cuál es nuestro objetivo a la hora de empezar a reducir y saber cuál será la realidad que queremos construir. Podemos querer reducir nuestro armario, simplificar, reducir todo a la máxima expresión como es mi caso o, simplemente, reducir para mejorar nuestra consciencia de tenencia de ropa. Pero debemos fijar un número, una cifra, algo concreto y muy tangible. Por ejemplo, dejar el armario reducido a la mitad, o que entre todo en una maleta de un determinado tamaño.

Haz la primera pregunta mágica para comenzar a simplificar tu vida y aplicar el minimalismo:

¿Qué ropa necesito realmente teniendo en cuenta su utilidad?

Al responder a esta pregunta, tendrás que tener en cuenta tu estilo de vida y circunstancias personales. Por ejemplo, si vives en un lugar sin mar y de bajas temperaturas, es decir, si tan solo vas al mar un par de semanas al año o a la piscina durante los meses de calor, no vamos a necesitar diez trajes de baño, cuatro tipos de chanclas o seis toallas de playa, es algo completamente desproporcionado y que no tiene en cuenta el principio de utilidad. Lo mismo sucederá si vives en un lugar muy cálido donde durante todo el año te encuentras entre 18 y 25 grados, no podremos tener cinco modelos de abrigos y siete bufandas, es un número elevado de cosas que usarás de forma muy puntual. Tendrás que reducir en función de la utilidad real que te va a aportar esa prenda.

Te propongo un ejercicio de reducción a continuación:

Piensa por un momento en lo que necesitas realmente, en lo que cada día te pones. Es decir, en una semana, de lunes a domingo, cuáles serían las prendas que estás usando realmente. Separa mentalmente el tipo de prendas que usas de verdad, pero cuidado con tu mente, porque esa prenda que te has puesto dos veces este año no es una prenda que estás usando con frecuencia. Selecciona solo las prendas que realmente estás usando a menudo, sin trampa y con valentía.

Vamos a elaborar un ejemplo, con cantidades inventadas, solo para aproximarnos a un caso práctico de reducción de ropa. Por ejemplo, para un chico europeo que realiza algo de ejercicio en el gimnasio y trabaja en una oficina, una posible selección de prendas básicas que se utiliza a diario sería:

Camisas
Americanas
Pantalones
Ropa interior
Zapatos
Ropa deportiva

Zapatillas de deporte
Camisetas
Jeans
Abrigo
Bufandas

Sobre este listado de prendas genéricas que pensamos necesitar, habrá que apuntar las cantidades mínimas que podemos necesitar. Por ejemplo:

Camisas 5
Americanas 3
Pantalones 5
Ropa interior 10
Calcetines 10
Zapatos 2
Ropa deportiva 3
Zapatillas de deporte 2
Camisetas 10
Jeans 4
Abrigo 2
Bufandas 3

Una vez tenemos este listado «teórico», iremos a nuestro armario y contaremos el número de prendas que tenemos realmente sobre este listado que ya hemos elaborado. Es decir, las cantidades reales de nuestras prendas básicas:

Camisas: 30 unidades
Americanas: 5 unidades
Pantalones: 10 unidades
Ropa interior: 30 unidades
Calcetines: 35 unidades
Zapatos: 5 pares

Ropa deportiva: 5 juegos diferentes
Zapatillas de deporte: 5 pares
Camisetas: 53 unidades
Jeans: 8 unidades
Abrigo: 5 prendas
Bufandas: 7 unidades

A este listado ahora añadiremos además las prendas que tenemos, pero que no habíamos apuntado en el listado general de ropa que necesitamos. Es decir, computar la ropa que no está en nuestro listado básico:

7 bañadores
4 pares de chanclas
5 camisetas de tirantes
4 fulares
1 peto
3 gorros
1 sombrero
3 gorras
5 corbatas
1 pajarita
7 cinturones
2 trajes que se compraron para una boda
3 pares de calcetines para la nieve.

Ahora tenemos dos listados, uno es el listado «teórico» de las cosas que necesitamos diariamente, y otro listado donde tenemos ese mismo listado con cantidades reales y habiendo añadido todo el resto de ropa que tenemos:

Listado de prendas que necesitamos. Este es nuestro listado de necesidades.

Listado real de la ropa que tenemos con cantidades. Es nuestro inventario de ropa.

Este ejercicio te resultará muy útil, porque servirá para que tomes consciencia de lo que realmente tienes. Aunque creemos saber qué tenemos y todo lo que habita en nuestro armario, lo cierto es que el elevado número de prendas hace que no sepamos con exactitud qué tenemos, y que recordemos ciertas prendas solo cuando abrimos alguna caja o descubrimos el fondo de un cajón. Es esa ropa que permanece con nosotros pero que no tiene función real y práctica en nuestra vida.

Haz un recuento del total de unidades, es decir, todas las prendas que hay en tu armario y divídelo en esta primera fase entre la cantidad que estés en disposición de comprometerte a eliminar como mínimo. En mi opinión un buen compromiso de reducción para una persona media sería de dos, es decir, habría que dividir la cantidad total de prendas entre dos. Te repito para que no nos perdamos en el camino: del listado total de prendas que tienes con cantidades, es decir, tu inventario de armario, divide la cantidad total de prendas entre dos. Elimina la mitad de tu armario. Sin miedo, sin apegos, sin frenos. Si, por ejemplo, tras el cómputo de cosas tienes 900 prendas, tendrás que reducir a 450 prendas tu armario (o la cantidad sobre la que te quieras comprometer, puede ser más o menos).

Desde este momento pasarás a tener solo la mitad sobre tu realidad actual. Este proceso se puede ir repitiendo y perfeccionando con el tiempo, porque, aunque creas que eliminar la mitad de lo que tienes es una locura, lo cierto que es que reducir a la mitad lo que tienes, es solo una primera aproximación, de hecho, tras eliminar la mitad, podrás comprobar que no notarás ninguna diferencia, no echarás nada en falta y podrías seguir reduciendo.

En el ejemplo que hemos propuesto, vemos que tenemos un total de 231 prendas de ropa, tras la división entre dos, tendremos que mantener solo 115 prendas.

Como vas a utilizar el principio de utilidad de un modo intuitivo, vas a eliminar sin darte cuenta lo que no usas, es decir, el 50 por ciento de tu ropa que no es utilizada y que no va a causarte ningún trastorno en tu día a día. De forma natural te vas a desprender de la ropa que no necesitas realmente, cosas inservibles por completo.

Este ejercicio puede ser una primera aproximación, para eliminar el número de prendas que no usas, pero también para ser consciente de lo que realmente estás usando por utilidad, o practicidad, lo que te pones cada día y las prendas que tienes en el armario sin ser usadas y que no cumplen ninguna función real.

Cuando hablamos de eliminar la mitad del armario, no hablo en ningún caso de que acabe en un contenedor de basura; hablo de dar a esa ropa que eliminamos una segunda vida, bien donando, regalando, o mi opción favorita: vender. Vender es una opción fantástica, porque transforma las cosas que no ibas a usar en dinero, y esto te recordará la cantidad de dinero que tenías inmovilizado en un armario. Habrás cambiado algo que no servía para nada en capital para invertir en otras cosas, pero, además, habremos hecho el milagro de que algo que no se usaba se empiece a usar y, de algún modo, justifiquemos esa utilización de recursos que supuso la producción de esa ropa. Una forma de bendecir las cosas que compramos y que han supuesto en todos los casos un gasto de recursos y horas de trabajo, es dándoles mucho uso, haciendo que duren y que cumplan la función para la que fueron fabricadas. No hay nada peor que comprar algo para no usarlo, o eliminarlo antes de tiempo.

Cómo generar utilidad en tus prendas

Una de las cosas más interesantes y que más me han servido en mi camino es utilizar prendas neutras; es decir, aquellas con colores que al ponerlos y verme con ellos nunca me canse de llevarlas. Dependerá de la realidad de cada persona y sus preferencias, pero en mi caso seleccioné el blanco y el negro como colores básicos, de este modo, solo tengo prendas de estos dos colores. Esto hace que no tenga agotamiento visual, ni sienta que estoy repitiendo prendas, así que se convierte en una especie de uniforme. Con esta técnica consigo ir «uniformado» y la moda no marca mi forma de vestir, sino que soy yo el que decido qué necesito y en qué forma lo quiero. No depende de la moda, sino de lo que uso.

Como tengo pocas prendas, debo sentirme cómodo con ellas, y también debo sentir que me veo bien. Pasaremos a llevar la ropa y no que ella nos lleve a nosotros, y esto no solo es un proceso poscompra, sino que empieza desde antes de la intención de compra.

Debemos determinar qué necesitamos, y sobre esto generar en la mente la prenda ideal. Una vez tenemos claro esto, comenzamos la búsqueda de esa prenda que se adapta a lo que requerimos. Entonces todo cambia, porque pasamos de consumidores zombis, consumidores que van a una tienda y compran sin saber muy bien por qué, a ser consumidores que entran a una tienda y pueden salir sin comprar nada, porque en ese lugar no tienen lo que estamos buscando. Cuando ocurre esto, creo que el milagro se ha producido.

> **Determinar qué necesitamos, y una vez tenemos claro esto, comenzamos la búsqueda de esa prenda que se adapta a lo que requerimos.**

Cuando conseguimos superar el impulso de consumidor zombi a ser consumidores conscientes, que sabemos lo que necesitamos y qué queremos comprar, habremos generado una resistencia a la compra impulsiva, la habremos cambiado por una compra reflexiva, útil y poderosa.

Cuando necesito una determinada prenda, yo sé qué tipo de corte quiero, qué color, qué tipo de tejido requiero, etc. Esto parece una obviedad, pero lo cierto es que durante años he pasado por las tiendas comprando sin tener en cuenta nada de esto. Tener muchas prendas te permite no ser tan selectivo, no tener que observar tantos detalles antes de la decisión de compra. De hecho, recuerdo que en ocasiones iba a comprar una determinada prenda y acabar comprando otra y esto nos sucede cuando queremos comprar unos pantalones y terminamos comprando dos camisas. Cuántas veces nos vamos de compras sin necesitar nada concreto, solo a pasar el día, y casi sin querer, acabar comprando algo que no planeamos y que probablemente no necesitamos.

Cuando estudiaba *marketing*, hubo una frase de una de las profesoras que era una especie de mandamiento dentro del *marketing* en el punto de venta y que se me quedó grabada: «Todo lo que se ve, se toca; y todo lo que se toca, se compra». Esto quiere decir que cuanto más te aproximas al peligro, tienes muchas más posibilidades de comprarlo, da igual que lo necesites o lo quieras, da igual incluso si ibas con una intención de compra real o no.

«

Todo lo que se ve, se toca; y todo lo que se toca, se compra.

»

Si acudes a un punto de venta, no te lo van a poner fácil para que salgas sin nada. El objetivo de cualquier empresa es que compres y esto no quiere decir que las tiendas sean malvadas, quiere decir que su objetivo es vender y el tuyo comprar. El acuerdo entre vendedor y comprador depende también de ti, nadie engaña a nadie. La industria quiere mostrarte todo, lo va a colocar lo mejor posible para seducirte, en la estantería concreta y a la distancia adecuada para que te enamores de su producto, pero tú, como consumidor consciente, debes hacer ese trabajo de decidir con astucia y con objetivos claros.

Como te decía anteriormente, mi armario está integrado por dos colores: blanco y negro, con prendas básicas y neutras; sin embargo, el mundo de la moda sabe perfectamente que lo contrario les beneficia: cuanto más customizada y personal sea la ropa, más necesidad de ser cambiada se generará en el consumidor. Si tienes cinco camisetas con grandes mensajes, estampados marcados, cortes originales, etc., estas prendas se convierten en ropa con mucha personalidad, que tú y el resto de las personas van a identificar cada vez que las uses. Esto va a hacer que no quieras ponértelas más de un número determinado de veces, que no repitas y que en tu armario acabe pasando de moda. Vas a necesitar nuevas prendas para ir con ropa novedosa. Además, cuanto mayor originalidad y adaptada a las tendencias de la moda sea tu ropa, mayor facilidad de que en un tiempo no pueda ser usada por estar lejos de las nuevas tendencias. La industria de la moda ha conseguido que, a pesar de que las prendas que tengas en el armario estén en perfecto estado, mantengas tu necesidad de comprar nuevos artículos; no hace falta que tu ropa se rompa, han creado un sistema en el que cada determinado periodo de tiempo tu ropa deje de ser utilizable. Mira una imagen de hace diez años y verás lo ridículo que resulta la ropa que llevas, ya no sirve. Han sido auténticos maestros del incremento de cambios constantes en los armarios, muy meritorio y sobresaliente.

No luchamos contra nadie; adaptamos lo que tenemos para ser la mejor versión de nosotros mismos.

Esto no quiere decir en ningún caso que si te encanta la ropa tengas que dejar de disfrutar de ella. Lo que significa es que si realmente quieres poder reducir tus prendas y llevar un estilo de vida minimalista, vas a tener que crear estrategias para no estar al margen de la sociedad. Has de vivir en armonía con tu entorno y esto no pasa por no encajar, sino encajar con una forma de consumir diferente a la que has practicado hasta ahora. Recuerda que no se trata de ser antisistema, no luchamos contra nadie; adaptamos lo que tenemos para ser la mejor versión de nosotros mismos y minimizar la huella que vamos a dejar en el planeta. Utilizamos el sistema para ser más felices y para modificar la oferta. No queremos revoluciones con violencia;

queremos una revolución donde el conocimiento, la consciencia y nuestro propio consumo sean la bandera predominante.

Ropa y fatiga por decisión

Además de todo lo que te puede simplificar la vida aplicar el minimalismo a la ropa que usas, existe una razón psicológica muy interesante y a la que debes prestar máxima atención: *la fatiga por decisión*.

En la actualidad todos somos víctimas de la fatiga por decisión y jugamos con ella cada día. Si esta fatiga fuera mortal, los seres humanos habrían desaparecido por completo. Lo cierto es que esta fatiga, a pesar de no ser mortal, nos lleva a tomar decisiones que no nos benefician. Nos aleja de poder tomar decisiones importantes con serenidad y criterio y hace que nuestra vida sea menos ordenada y serena.

La fatiga de decisión es una realidad que se produce en nosotros por acumulación de decisiones. A lo largo del día se estima que una persona ha podido tomar unas 35.000 decisiones, una gran cantidad para un solo día, pero que, en su mayor parte, son decisiones poco trascendentes como, por ejemplo, elegir la ropa del día, decidir la hora en la que voy a ir al gimnasio, qué comer, o qué camino tomaré para ir al trabajo ese día. Son pequeñas decisiones sin gran trascendencia para nosotros, pero no por ello dejan de suponer un agotamiento para nuestro cerebro, porque cada decisión supone un consumo de energía importante. Piensa que aproximadamente el 20 por ciento de la energía diaria es utilizada por el cerebro, y si lo comparamos con su tamaño y movimiento, verás que proporcionalmente es un órgano de alto consumo.

Cada decisión supone gasto energético para nuestro cerebro. Si lo desgastamos en tomar decisiones sin trascendencia, sin importancia real para nuestra vida, nuestro cerebro no estará preparado, porque tendrá agotamiento cuando tengamos que tomar decisiones de importancia real.

Cuando el cerebro está en fase de descanso, no lo tenemos saturado y las decisiones son tomadas desde el neurocórtex que es la parte del cerebro más evolucionada y compleja. Ante el agotamiento de esta parte de nuestro cerebro por haber tomado muchas decisiones, toma el testigo el cerebro reptiliano, esa parte cerebral más primitiva donde las decisiones son mucho más simplificadas y menos racionales. Cuando esto ocurre, nuestro cerebro está saturado para tomar decisiones, está en modo automático, y sin darnos cuenta, tomaremos malas decisiones (decisiones más irracionales).

Es como si el cerebro útil para las decisiones importantes tuviera un límite de número de decisiones, un tope diario que no puede sobrepasar. Si gastamos ese máximo diario en decisiones que no son trascendentes como, por ejemplo, qué ropa ponernos, cuando tengamos que tomar una decisión más importante en nuestra vida, lo haremos desde el cerebro que está en reserva, el reptiliano, y que, por tanto, no tomamos esa decisión con todo nuestro potencial.

No es casual que sea justo por la noche cuando llegamos a casa, y decidimos tumbarnos en el sofá en vez de leer o ir al gimnasio, que te lances a la comida menos saludable y tóxica. En estos casos de agotamiento mental, tu cerebro más primitivo piensa por ti y no suele ser un buen consejero, porque es especialista en los placeres primarios y que reportan un beneficio a corto plazo. Por tanto, a partir de ahora recuerda que las decisiones importantes se toman en días tranquilos, con un descanso bien realizado y sin haber tomado decisiones previas que nos hayan desgastado.

La primera persona en estudiar este proceso fue el psicólogo social *Roy F. Baumeister*. En su estudio sobre el agotamiento del ego[17] determinó que tenemos una energía mental limitada y que, con el agotamiento de esta energía, comenzamos a ser menos eficientes en la realización de otras tareas.

Por ello, es interesante simplificar las decisiones que no son realmente importantes en nuestras vidas. Crear una rutina de horarios concreta para así eliminar el máximo de decisiones irrelevantes posibles es una buena ida. Por supuesto, entre esas decisiones triviales te sugiero que añadas la ropa.

Si simplificas tu armario, sabes lo que te vas a poner o incluso llegas al nivel de tener un «uniforme» regular por el cual vas a vestir siempre del mismo modo, habrás obtenido una fórmula de reducir la cantidad de decisiones que tomarás en un día.

Esta idea no solo es aplicable a la ropa; cuanto mayor rutina tenemos en nuestra vida, más tranquilidad vamos a obtener y mejor consecución de objetivos alcanzaremos. Por ejemplo, tener días y horas fijas cerradas para hacer ejercicio físico, horas concretas para comer, días y horas fijos para ir a comprar, lista de la compra establecida etc. Según el experto en hábitos James Clear[18]:

«

Perder fuerzas en tomar estas decisiones, que podrían automatizarse o planearse de antemano, es una de las razones por la cual ciertas personas se sienten agotadas al final del día.

»

Clear, en su libro *Hábitos atómicos*[19], nos explica cómo la fatiga en la toma de decisiones nos afecta y dificulta nuestro día a día. Basado en evidencias científicas, nos expone por qué nos cuesta tanto mantener hábitos saludables y cómo ponemos resistencia a ciertos cambios a pesar de saber que son beneficiosos para nosotros.

La capacidad de tomar decisiones es como un músculo: cuando despertamos por las mañanas está fresco y lleno de fuerza; sin embargo, cada decisión que vamos tomando durante el día —por pequeña que sea— genera un desgaste mental. Esto ocasiona que la calidad de nuestras decisiones vaya bajando.

No llegar a la fatiga por decisión es algo positivo para nuestra vida, en este punto, el minimalismo puede ser una forma de conseguir simplificar tu vida en gran medida. Cuando simplificamos nuestras decisiones en torno a la moda, alimentación, hábitos diarios o cualquier decisión en nuestra vida cotidiana que podamos tener planificada e interiorizada de antemano, supondrá un mejor control en nuestras decisiones, adquisición de hábitos positivos y en la consecución de nuestras metas y objetivos.

En este sentido Steve Jobs, un minimalista de la ropa en toda regla, siempre vestía del mismo modo. En sus últimas presentaciones siempre lo recordaremos con la misma ropa, con austeridad y sencillez. Unos jeans azules, un jersey negro y unas deportivas, se convirtieron en el sello de identidad del creador de Apple. De este modo, una de las personas más ricas y carismáticas del planeta, se posiciona frente al mundo con una clara practicidad y sencillez en torno a la ropa. Según declaró en la biografía que escribió Walter Isaacson[20], Jobs decidió tener su propio uniforme y tener su sello de identidad personal, sin perder tiempo en esa parcela. Jobs se hizo con varios jerséis de cuello vuelto del diseñador Miyake, para así vestir cada día del mismo modo. Jobs declaró a su biógrafo: «Esto es lo que yo visto. Tengo suficiente para el resto de mi vida».

Del mismo modo, otro de los magnates digitales de la actualidad, Mark Zuckerberg, creador de Facebook, es otro ejemplo de millonarios que se desenvuelven con austeridad. Zuckerberg ha declarado en muchas ocasiones que utiliza siempre la misma camiseta, porque prefiere no gastar energía en tomar este tipo de decisiones triviales.

Convivimos con decisiones de compra de ropa y de cómo vestirnos cada día; sin embargo, lo hacemos de forma inconsciente, sin atender a que no son acciones saludables para nosotros ni para nuestro entorno. Siempre tenemos en mente la compra de algo nuevo que creemos nos hace falta, siempre algo que debemos añadir a nuestra colección y, si mentalmente nos fatiga el mero hecho de decidir qué ponernos cada día, imagina lo que supone la compra de ropa, planificación de armario o entrar en una tienda a seleccionar prendas. Tras haber realizado muchas pequeñas decisiones habremos agotado todas nuestras reservas de decisiones «inteligentes». Yo te sugiero que después de pasar un día de compras en un centro comercial no intentes tomar decisiones trascendentales en tu vida, porque será más difícil que vayan a ser las más convenientes y adecuadas.

A mí me sirve tener un límite de prendas, de forma que no tengo en mi posesión más de un número determinado de prendas. Como soy nómada digital y viajo con una maleta de cabina, mi límite está reducido a ese espacio, pero más allá de eso, una limitación numérica marca objetivos tangibles y orden mental. Por ejemplo, puedes determinar tener siete camisas, tres pantalones, dos pares de calzado, etc., de forma que si en algún momento quieres introducir algo nuevo, será porque algo viejo debe salir, es decir, desechar lo que se ha deteriorado y sustituirlo por algo nuevo. Esta técnica de poner límites numéricos es básica para no perdernos, para no pasar por un escaparate y enamorarnos de algo que no necesitamos y que incurrirá en un gasto innecesario para nosotros. Mantendremos nuestro objetivo de utilidad por encima de nuestro deseo de comprar algo por el mero hecho de comprarlo.

Hace un tiempo oí hablar de Courtney Carver, autora del blog «bemorewithless». Ella propone la regla 333 por la cual invita a utilizar 33 prendas durante 3 meses. Su idea parte de la base de guardar en cajas la ropa de tu armario que no vas a usar y dejar solo 33 prendas. Estas 33 prendas rescatadas serán las que utilizarás en los siguientes tres meses.

Lo interesante de este reto es que puede llegar a ser muy útil para tomar conciencia de que, con una parte muy pequeña del armario, tienes más que suficiente y que, por tanto, te sobra mucha ropa. Lo cierto es que Courtney, con su proyecto y experiencia, consiguió que miles de personas en todo el mundo simplificaran sus armarios y se unieran al reto del 333, expuesto en su libro con el mismo título: *Project 333*. Una excelente forma de poner ese límite numérico del que hemos hablado anteriormente.

Para poder aplicar el minimalismo a nuestra forma de vestir, además de tener objetivos tangibles y limites numéricos, tendremos que incrementar nuestro nivel de organización, esforzarnos en determinar que hay cosas de las cuales vamos a prescindir a partir de ahora y, por supuesto, poner consciencia en nuestro consumo de ropa y limitarlo.

Es un proceso que requiere trabajo y reestructurar nuestras creencias, nuestros hábitos de consumo y comportamientos adquiridos a lo largo de los años. No basta con querer realizar una reducción, hay que llevarlo a la acción de un modo ordenado y coherente, comprometernos con nuestro objetivo para liberar nuestra vida.

La economía minimalista y el poder de la elección

Utilizamos
cada
compra
como
herramienta
para
mejorar
el sistema

Como ya hemos visto, uno de los errores por los que la gente se suele confundir con el término *minimalista* es vincularlo a la escasez o a la pobreza, pero nada más lejos de la realidad.

Tener recursos económicos suficientes para vivir de un modo digno o tener una buena salud financiera, no solo no es algo alejado de una vida minimalista, sino que es un concepto que debemos vincular estrechamente con el minimalismo. Si con el minimalismo pretendemos poner orden, ser prácticos, conscientes, e ir por la vida con más ligereza, la parte económica no puede estar al margen de ello. Nuestras finanzas deben proporcionarnos tranquilidad, ligereza, paz y abundancia y nos deben permitir adaptar el consumo a nuestras necesidades.

La vida minimalista nos aleja de tener cosas materiales que nos generen peso, inseguridades, dependencia y problemas; nos distancia de productos que contaminan o aumentan la huella que dejamos en el planeta, pero no hace que renunciemos al dinero, porque en un sistema capitalista, el dinero nos garantiza que podamos tener las experiencias y seguridad que necesitamos. Para llevar una vida minimalista de un modo pleno, debemos tener una salud financiera en perfecto estado y sobre todo debemos aplicar el minimalismo también a nuestras finanzas.

En el momento en el que estamos los intercambios se hacen con dinero y, si quieres comprar, por ejemplo, jabones ecológicos y biodegradables para reducir el impacto ambiental y no dañar tu piel, si deseas comprar comida vegana y ecológica para reducir el tremendo impacto de la ganadería en los ecosistemas, deberás pagarlo con dinero y no con buenas intenciones.

No acumular exceso de cosas materiales no se hace como voto de pobreza, sino para alcanzar una mayor conexión con nosotros mismos y con el entorno. Tenemos menos cosas, pero eso no quiere decir que no vayamos a consumir; de hecho, utilizamos cada compra como herramienta para mejorar el sistema. Cada consumo que realizamos en el mercado es un voto para que este cambie, para que se adapte, para que evolucione. Es un sistema vivo que se comporta como nosotros queramos que se comporte y en el que los consumidores deciden qué quieren que las empresas produzcan o dejen de producir y de qué forma.

No acumular exceso de cosas materiales no se hace como voto de pobreza, sino para alcanzar una mayor conexión con nosotros mismos y con el entorno.

Los consumidores conscientes y conectados son los más poderosos y eficaces para la mejora del sistema; los necesitamos en grandes cantidades y con la máxima calidad.

Los consumidores conscientes deben tener la mejor salud financiera posible, porque el tipo de consumo que realizan produce una mejora en el sistema y lo hacen más poderoso y justo. Cada vez que alguien decide comprar productos locales o de proximidad, productos no testados en animales, productos ecológicos, alimentos cien por cien de origen vegetal, etc., el mercado cambia, porque el conjunto de consumidores con sus decisiones de compra cambian el entorno.

El poder real en un sistema de libre mercado reside en el consumidor y cuanta mayor libertad económica haya en el país donde esté, mayor es su poder. Esto es porque cuanta mayor oferta de los diferentes bienes y servicios exista en su entorno, mayor competencia hay en los diferentes sectores y por tanto más libertad tiene este consumidor de elegir libremente entre más posibilidades. Tenemos más poder de decisión y cambio cuando tenemos diversas opciones para poder seleccionar nuestras posibilidades de compra; en entornos de monopolios u oligopolios, evidentemente, nuestro poder desaparece.

Esto es importante aclararlo, porque estoy poniendo mucha atención sobre la idea del poder que tenemos como consumidores y la responsabilidad que poseemos al realizar nuestro consumo; sin embargo, como consumidores podemos alcanzar este poder solamente si estamos en un lugar en el que hay variedad de productos y servicios donde poder elegir, en el que la creación de empresas no se vea entorpecida por el estado y se generen nuevas opciones de un modo rápido. En estados donde se dificulta la libertad de los mercados o hay escasez de productos, nuestra capacidad de maniobra es menor. No es nada extraño que te diga que en un sector donde tenemos múltiples opciones de elección, tenemos más poder que en un sector donde solo hay tres posibilidades disponibles. Los posibles cambios en sectores o entornos sin competencia dificultan la creación de nuevas soluciones a nuestra cambiante demanda.

El Fraser Institute de Canadá publica todos los años un listado donde estudia entre diferentes países su grado de libertad económica; un listado de unos 162 países que teniendo en cuenta diferentes criterios establecen una numeración del 0 al 10, donde 0 es absoluto control del estado y 10 completa libertad económica sin intervención estatal.

Según este estudio[21], en 2019 la lista de los países con mayor índice de libertad económica se encuentra encabezada por Nueva Zelanda, Suiza, Hong Kong, Canadá y Australia.

En contraposición, los países que cierran la lista como estados con menor libertad económica se encuentran Siria, Venezuela, Yemen, Sudán e Irak. Esto es importante aclararlo, porque el poder del consumidor no es simétrico en todos los lugares y depende del nivel de libertad económica del lugar que habita. En este texto no hago alusión al poder del consumidor de esos países que se encuentran con limitación de libertades y que, por tanto, el consumo está condicionado a la limitación de oferta y de creación de nuevas empresas.

Nuestra capacidad como consumidores crece o decrece en función del lugar donde estemos leyendo este libro y el momento de ese país; de esta forma, si estás en Estados unidos, Canadá, Australia o Europa, tendrás una serie de ventajas que no encontrarás en Venezuela o en Yemen, donde las normas del libre mercado no están operando con normalidad.

Como en otros apartados que hemos estado analizando, el dinero, en ocasiones, también es para nosotros una fuente de incomodidad y de exceso de trabajo. Cuando no tenemos suficiente, nos sometemos a préstamos, bancos, empresas financieras, hipotecas y un sinfín de ataduras que nos obligan a que trabajemos más para pagar esas deudas y sobrevivir. Sin embargo, cuando tenemos abundancia económica, no siempre nos liberamos, ya que puede que nos sumerjamos en tener muchas cuentas, muchos seguros, productos financieros, alquileres o hipotecas mayores, porque *ajustamos un nivel alto de ingresos a un mayor gasto mensual.*

Estemos en la realidad que estemos, simplemente hacemos lo contrario a llevar una vida sin complicaciones ni peso. Si cuando tenemos dinero suficiente para disfrutar de una vida con abundancia, tenemos complicaciones y carencias, quiere decir que el problema, y también la solución, está dentro de nosotros y no en la mayor o menor tenencia de capital. Podemos mantener cierta comodidad económica con un nivel de ingresos moderado y, del mismo modo, podemos tener ingresos muy elevados y estar literalmente arruinados. No es ninguna sorpresa que muchas de las personas que son millonarias en un momento de sus vidas acaben sus últimos días en bancarrota. El buen uso de nuestros recursos y equilibrar nuestros ingresos y gastos es vital para nuestra supervivencia en el entorno financiero.

El buen uso de nuestros recursos y equilibrar nuestros ingresos y gastos es vital para nuestra supervivencia en el entorno financiero.

Una de las razones por las cuales la mayor parte de las personas vincularán minimalismo con escasez es porque el concepto, en sí mismo, es poseer menos cosas pero, paradójicamente, el minimalismo debe ser abundancia y riqueza. Debemos vincular la no tenencia de cosas a la elección personal de no tenerlas; asumir que esa libertad que practicamos en nuestras elecciones hace que destinemos nuestros recursos económicos en otra dirección. He aquí la clave en todo esto: la elección.

Insistimos, por tanto, en que llevar un estilo de vida minimalista no quiere decir, en ningún caso, que seamos pobres, que no disfrutemos de la abundancia o que haya ausencia de capital disponible en nuestra cuenta bancaria; de hecho, debe ser lo contrario. Piensa que si tienes menos cosas, con el mismo esfuerzo de trabajo, tendrás más cantidad de dinero disponible por no ser desperdiciado en la compra compulsiva de productos, o lo que es lo mismo, para mantener el mismo estilo de vida, necesitarás menos ingresos. Tendrás más herramientas para utilizar el dinero de un modo más consciente, ahorrarlo e invertirlo en lo que realmente te haga feliz.

El dinero debe tener una carga positiva en nuestra vida, y no ser algo que vinculemos a problemas (ni su exceso ni su ausencia). Es una pena que gran parte de la población no haya conseguido entender que el dinero no es bueno o malo, sino que simplemente es un elemento de intercambio; un número con el que damos valor a las cosas para poner orden en nuestras transacciones: esto vale 5, aquello vale 20 y tu trabajo supone 30. El dinero solo es un valor numérico para hacer que los intercambios puedan ser justos, es la evolución del trueque.

El dinero es solo una interpretación que hacemos, y que es todo lo bueno o lo malo que nosotros determinemos que sea. Objetivamente has de tener en cuenta que el principal problema con el dinero surgirá cuando haya ausencia de él y no al revés. Ser personas abundantes es una elección que debemos entender como posible y positiva para nuestras vidas.

Cuando vinculamos dinero a egoísmo, el ahorro como algo poco solidario o gastar nuestros ingresos en cosas que nos hagan felices como respuesta a una emoción no del todo positiva, estamos dando al dinero una carga negativa, y, sin darnos cuenta, nos estaremos alejando de él; estaremos alimentando una mente pobre.

Los seres humanos somos altamente emocionales y mucho menos racionales de lo que nos creemos, y de esto hablaremos en capítulos siguientes, pero lo cierto es que desvincular emociones negativas en torno a la tenencia de dinero, será el paso más importante que podemos dar hacia una vida abundante y próspera. Debemos ser conscientes de que con el dinero podemos hacer cosas maravillosas para nosotros mismos, para otros y para el planeta. Necesitamos que el capital y el poder resida en los consumidores conscientes entre los que espero te encuentres tú. De esta forma, el dinero se vuelve poderoso y una herramienta de cambio para todos los seres.

Además, tenemos la tendencia a creer que no poseer determinadas cosas es no consumir, no hacer gasto. Y, sin embargo, no tenemos en cuenta esos productos que no se tocan, que no existen en el plano material, pero si se compran y forman parte de nuestras actuales economías: los intangibles.

Los intangibles son esos productos que se compran y no se guardan en el cajón, porque no existen, no se acumulan en ningún lugar físico.

Los intangibles son esos productos que se compran y no se guardan en el cajón, porque no existen, no se acumulan en ningún lugar físico. En general, son cosas que además de no pesar, nos hacen crecer interiormente y que seamos más valiosos. En mi caso es donde aporto la mayor parte de mis recursos: formaciones presenciales y *online*, libros digitales, viajes, experiencias, *software*, etc. La economía de hace años no funcionaba si no había compra de productos físicos, pero lo cierto es que en plena era digital, la economía también se ha vuelto digital. En mi caso va más allá; además de ser consumidor de intangibles, también me dedico a la venta de ellos. Tengo una escuela *online* de cocina y alimentación vegetal, en la que los clientes no compran nada físico; todo lo que adquieren es un producto que va directo a su capital personal de conocimiento.

Es el mayor esplendor de la economía de las cosas que no se tocan; cosas cuya producción no requiere grandes recursos materiales, no contamina y la huella ecológica es mínima. Además, y lo más importante, suman en nuestro intelecto, en nuestro valor como personas y no en espacio físico en nuestra casa.

Esto no quiere decir que estemos en guerra con los productos materiales que, por supuesto necesitamos, simplemente que tenemos que ser conscientes del valor real que nos aportan al adquirirlos. Tener calzado es una necesidad, tener veinte pares de zapatillas quizá no tanto. Debemos cubrir nuestras necesidades, pero no caer en la tentación de acumular productos que no van a ser utilizados, ya que esto no va a dejar de ser una forma de tirar nuestros recursos económicos. En el ejemplo anterior, si en lugar de tener 20 pares de zapatillas nos quedamos con 2 pero a cambio, con los recursos económicos no gastados, hacemos un curso de X materia, estudiamos un idioma nuevo, nos vamos de viaje o leemos 45 libros, habremos empleado nuestros recursos en nosotros mismos en vez de acumular cosas que nos acaban haciendo sentir vacíos. Cuando la inversión es en nosotros mismos, vamos a ser más valiosos como seres humanos y podremos aportar más valor a los demás.

¿Qué tenemos que hacer con nuestras finanzas para adaptarlas a un estilo de vida minimalista?

Dicho todo esto, tenemos que adaptar el minimalismo a la parte económica en nuestra vida. Debemos adaptar nuestra capacidad financiera a la simplificación para recorrer el camino con la máxima ligereza y que nuestros recursos económicos no sean el problema sino la solución. Esta adaptación de nuestro comportamiento con el dinero a la simplificación de nuestra vida no es un proceso complejo y depende más de nuestra capacidad de organizar y simplificar que a tener grandes conocimientos financieros. Tenemos que ser abundantes, pero al mismo tiempo que serlo sea fácil, que no suponga una carga pesada ni esfuerzo.

Pero ¿qué tenemos que hacer con nuestras finanzas para adaptarlas a un estilo de vida minimalista? ¿Cómo simplificamos todo lo relacionado con el dinero para que deje de suponer un problema?

Mejora y simplificación de nuestras finanzas

A continuación, te propongo algunos consejos para que puedas simplificar tu economía de un modo eficaz. A veces serán procesos más o menos largos en función del tipo de realidad financiera que tengas, pero todos aplicables para que puedas empezar desde el primer día y comiences a sentir la ligereza que hará que la vida sea más simple y liviana.

Los préstamos, créditos y ventas a plazos

Este es uno de los mayores males que tenemos hoy en día en nuestras sociedades. Contamos con un patrimonio en negativo, donde las deudas son mayores que los activos. Tenemos más deudas de las que podemos soportar, y esto hace que nuestra vida sea incómoda y estemos en un constante estado de supervivencia financiera. Con esta situación de préstamos e ingresos bajos, nos hemos acostumbrado a convivir, y hemos hecho de esta situación algo cultural y endémico que ya a nadie sorprende. Adquirir préstamos es algo completamente normalizado y común.

A nadie le extraña que una persona tenga una hipoteca que suponga más del 60 por ciento de sus ingresos mensuales y que, a esto, le sumemos el crédito del coche, algunas suscripciones mensuales y un largo etcétera que hace que el dinero, según entre en nuestra casa o nuestras cuentas, se gaste, se evapore. Aunque estemos acostumbrados y sea una realidad de la gran mayoría, debemos evitarlo para estar en una correcta libertad financiera que nos permita incrementar nuestra riqueza, nuestra seguridad y nuestras posibilidades de mejora.

Lo primero que deberíamos intentar, cada uno en la medida de sus posibilidades, es cancelar o reducir al máximo posible nuestra deuda. Por encima de cualquier otro objetivo, todas nuestras energías han de dirigirse a cancelar los préstamos, de forma que cada primero de mes estemos con cero gastos financieros. Desde esa posición es mucho más sencillo construir una realidad abundante; vamos a ganar un margen de maniobra muy valioso. Y la libertad de movimiento será mayor para dirigir esfuerzos en direcciones más óptimas, sin cargas económicas.

Además, recuerda que estamos en el proceso de simplificar todo lo posible todas las parcelas de nuestra vida, y si estamos en la dinámica de «no tener», deberíamos no tener tampoco préstamos. Esto sería lo básico para aplicar el minimalismo a las finanzas. Si el minimalismo es tener menos cosas, añade a esas «menos cosas» que no debes acumular las deudas. Para llevar un estilo de vida minimalista en las finanzas *elimina por completo todas tus deudas.*

Esos pequeños créditos personales que se acumulan, las ventas a plazos, las compras realizadas con tarjetas de crédito, etc. Todo lo que suponga un crecimiento de tu deuda fija, acaba siendo una carga, una forma para que mantengas en el tiempo la esclavitud de conseguir dinero para poder pagar las deudas y seguir manteniendo tu estilo de vida.

Además, en cuanto a los créditos se refiere, debes ser consciente de lo que te cuestan y qué te reportan. Creemos que cuando pedimos un crédito de 20.000 € el banco nos lo está regalando, y eso no es cierto. El banco es una tienda más, pero es una tienda que comercializa, entre otras cosas dinero, y te vende dinero que tú debes de pagar con unos intereses. Pongamos un ejemplo ficticio: Si pides ese crédito de 20.000 € a devolver en 8 años, estarás pagando unos 300 € mensuales, esto supone que, al finalizar esos 8 años, no habrás pagado 20.000 €, sino 28.800 €, es decir, el banco te ha vendido 20.000 € por 8.800 €. Este ejercicio lo debes hacer cada vez que vayas a realizar una compra a plazos o vayas a solicitar un préstamo personal. Cuando compres un coche de 15.000 €, no digas que te costó esa cantidad, sino 15.000 más los intereses correspondientes, porque ese es el precio real que estás pagando.

Los bancos no son malos, son tiendas financieras. Cuando compras un pantalón sabes que la tienda se está quedando con un margen comercial que puede ser un 20-30 por ciento y a nadie le sorprende esto. Sin embargo, creemos que los bancos son una organización pública que nos adelanta dinero, asume riesgo y no deben recibir nada a cambio. Tenemos un acuerdo comercial con la entidad y debemos pagar además del dinero que nos adelantan, unos intereses que es la cantidad que ganan ellos, es decir, es su margen comercial como tienda de dinero que son.

Por ello, debes prestar atención en cada crédito que vayas a adquirir y saber el importe total que te va a costar adquirirlo. En ocasiones, muchas personas compran sus productos y servicios de mayor valor a plazos, porque consideran que «no se enteran de esa pequeña cantidad mensual», y lo cierto es que no es que estén pagando menos, sino bastante más; lo que ocurre es que no son conscientes del pago fraccionado y lo que suponen para su economía personal. Nuestras finanzas son una suma y una resta, y al final de esta operación a plazos habremos perdido más capital que habiéndolo pagado por completo en un único pago.

Aunque parezca una obviedad, nuestra realidad financiera depende de dos factores: nuestros ingresos y nuestros gastos.

Aunque parezca una obviedad, nuestra realidad financiera depende de dos factores: Nuestros ingresos. Nuestros gastos.

No hace falta ser un experto asesor financiero para saber que para mantener una buena salud financiera los ingresos deben ser superiores a los gastos. Esto, que parece una obviedad, no lo modulamos con la naturalidad que deberíamos. Acabamos sumergidos en deudas innecesarias por comprar cosas más innecesarias aún. Es más, si tenemos posibilidad de incrementar un poco más nuestros ingresos, tenemos la torpeza de aumentar nuestros gastos para volver a quedar en la misma situación.

Entre estos gastos que debemos controlar, la deuda es una de las más importantes, porque eliminarla incrementa nuestro margen de maniobra y nos da libertad (financiera y emocional). De algún modo, la suma de todas nuestras deudas son esos gastos fijos e inamovibles que nos obligan a tener un determinado nivel de ingresos fijos cada mes, que si en algún momento no conseguimos hará que acabemos estando al límite.

Anular nuestras deudas no es el primer punto en este listado de una forma casual. Desde mi punto de vista, eliminar nuestras deudas es el punto más importante para llevar una vida minimalista. Te da libertad y te permite una mayor flexibilidad. Los remanentes de capital podrán ser ahorrados e invertidos para generar más capital y no para pagar la deuda o aumentarla. Una deuda es una cinta de correr, puedes ir muy rápido, pero no te va a dejar avanzar.

¿Existen las deudas positivas? Efectivamente, si ya has leído algo sobre finanzas, estas deudas existen: son las deudas que se crean para generar mayores ingresos, por ejemplo, cuando pido un préstamo al banco para montar un negocio. Mi deuda me va a costar al mes 300 €, pero los ingresos estimados suponen 900 €, es decir, al final de mes, esta deuda me supone una cantidad en positivo de 600 €. Estas deudas en positivo son útiles para la creación de empresas, proyectos e inversiones. Desde mi punto de vista, las deudas positivas son las únicas deudas que deberíamos tener ya que son impulsoras de la economía y de la creación de proyectos. Algunos proyectos no pueden ver la luz sin la ayuda financiera de bancos o de inversores.

En todo caso, a un minimalista no le gustan las deudas, incluso las deudas positivas las miramos con recelo y las pensamos y analizamos mucho previamente. Piensa que este tipo de deudas se generan para obtener beneficio, pero los beneficios no están siempre asegurados. Si vamos a adquirir algún tipo de préstamo, debemos asumir que será una deuda a largo plazo, una cantidad que nos atará y nos compromete al pago por un largo periodo de tiempo, por ello debemos analizar muy bien si es un negocio que vemos claro y que vamos a mantener en el tiempo. Nunca generamos ninguna deuda sin pensarlo, sin reflexionarlo

Las deudas positivas son las únicas deudas que deberíamos tener ya que son impulsoras de la economía y de la creación de proyectos.

y sin hacer un trabajo consciente de adquisición de esta deuda, porque cualquier deuda no deja de ser una cadena que nos impedirá volar libres.

Cuantas menos deudas tengamos, mayor libertad financiera vamos a poder obtener. Cualquier tipo de deuda representa un incremento en nuestros gastos mensuales y, por tanto, cuanto menor nivel de deuda acumulemos, mayor libertad de movimiento tendremos, ya que seremos capaces de cubrir nuestras necesidades con menores niveles de ingresos, y aumentaremos nuestra capacidad de ahorro e inversión.

Por supuesto, debemos prescindir de tarjetas de crédito, puesto que estas tarjetas hacen que entremos en un juego peligroso. Cuando compramos con tarjeta de crédito puede que nos hagan el cargo al mes siguiente por el total, o bien que se convierta en una mensualidad en los próximos meses. En cualquier caso, consiste en gastar antes de que tengamos el dinero, es decir, no solo estamos gastando nuestro capital, sino que gastamos una cantidad aún no generada. El dinero real que tienes disponible para tus compras es el que debes emplear para tu consumo, ni un céntimo más allá de eso. Si quieres comprar algo y no tienes dinero suficiente en ese momento hay dos opciones: primero, estaría la opción de no comprarlo, y segundo, posponer la compra para más adelante. Recuerda que no hay nada tan imprescindible como crees, y que, por encima de todo, tu libertad financiera debe prevalecer sobre la tenencia de cualquier cosa.

El dinero real que tienes disponible para tus compras es el que debes emplear para tu consumo.

Al leer que no hay nada tan importante, muchos pueden pensar en los grandes imprevistos: derramas, averías de vehículos, cambio de electrodomésticos, etc. Lo cierto es que si, llegado ese momento, no podemos hacer frente a esos gastos y tenemos que endeudarnos para sobrevivir, nuestra salud financiera estará en muy mal estado. Estos imprevistos son una parte de nuestra economía que, como veremos más adelante, debemos tener en cuenta y prever. Debemos salir de ese círculo de límite financiero constante y acabar con el ciclo de deudas.

Un buen resumen en torno a la deuda puede ser que cuentes solo con el dinero que tienes. Empieza a organizar tu economía como un niño de 10 años: si tienes 100 €, solo podrás gastar esa cantidad; es más, si te gastas todo, te quedarás sin nada. Esa es la verdadera economía que debes aplicar, esa que se vuelve más simple y controlable. Siempre cuento que cuando realmente fui capaz de sanear mi economía fue cuando dejé que participara en ello a mi niño interior, ese que sabía sumar y restar mucho mejor que yo.

Recuerda que para llevar unas finanzas minimalistas hay que eliminar todo tipo de créditos, ventas a plazos, tarjetas de crédito, mensualidades, hipotecas, adelantos, etc. Los minimalistas no gastamos el dinero que no tenemos.

Incrementar los niveles de ahorro

Al final de cada mes, debemos acabar en positivo. Por poco que sea, por minúscula que parezca nuestra capacidad de ahorro, alcanzarla supondrá orden mental y sensación de tener los suficientes ingresos como para llevar la vida que queremos. El ahorro, a medida que apliquemos otros principios aquí planteados, irá incrementándose, de forma que ganaremos control en nuestras finanzas, confianza y tranquilidad de tener capital disponible suficiente.

Cuando ahorramos, estamos recorriendo el camino con éxito. Estamos gastando menos de lo que somos capaces de generar y eso es el principio para vivir una vida con calma, tranquilidad y equilibrio financiero. Da igual cuáles son tus niveles de ingresos, tendrás que adaptarlos a tu realidad de gastos para que en cualquier caso siempre quedes en positivo a final de mes.

Y es que acabar cada mes con capital sobrante y tener la sensación de tranquilidad en nuestras finanzas no es ninguna tontería, ya que las finanzas afectan directamente a nuestra salud emocional. Según un estudio de la American Psychological Association, en su informe «Paying with our Health»[22], en 2015 el estrés crónico producido por los problemas financieros, afectó en torno a un 22 por ciento de todos los estadounidenses. Se estima que una de cada cinco personas tuvo que acudir a tratamiento médico por preocupaciones financieras y que el 72 por ciento tuvo alguna preocupación económica en algún momento.

Tener deudas y no llegar en positivo a final de mes, es decir, tener la sensación de que no tenemos suficiente capital para vivir y no disfrutar de la tranquilidad en esta parcela de nuestra vida, no solo afectará a la salud mental, sino también a la salud física.

Según el estudio realizado por la antropóloga de la Universidad de Massachusetts Elizabeth Sweet, que relaciona las deudas con la salud precaria[23], determinó que las personas con niveles altos de deuda presentaban las peores condiciones de salud. En el estudio, además, se observa cómo el incremento de la deuda se relaciona también con un riesgo de mayor tensión arterial.

«

> *Una deuda alta se asoció significativamente con una presión arterial diastólica (PAD) más alta (un aumento del 1,3 por ciento en la PAD en relación con la media). Si bien este efecto es relativamente pequeño, es clínicamente significativo; un aumento de 2 mmHg en DBP, por ejemplo, se asocia con un riesgo 17 por ciento mayor de hipertensión y un riesgo 15 por ciento mayor de accidente cerebrovascular (Cook et al., 1995). Estos hallazgos indican que una deuda relativa alta se asocia con una peor salud psicológica y física, pero que, con respecto a la presión arterial, la sensación psicológica de estar en deuda puede ser más relevante que la situación financiera real.*

»

En otro estudio, Sweet relaciona la deuda como *predictor de suicidio, depresión y otros problemas para la salud mental*[24]. En este estudio, además, se establece que existen desigualdades entre diferentes estratos para obtener y enfrentar las deudas. Las personas con menores ingresos y estratos bajos se enfrentan a grandes problemas a la hora de poder pagar sus deudas y por tanto alcanzan situaciones más críticas.

Como vimos en capítulos anteriores, somos una de las sociedades más privilegiadas pero, al mismo tiempo, una de las que peor gestiona sus recursos. Lo queremos todo y, además, lo queremos ahora. A pesar de tener más, las generaciones jóvenes son las más endeudadas de la historia. Tenemos más deudas que nuestros padres y muchas más que nuestros abuelos.

Todos estos problemas financieros se vinculan directamente con nuestro bienestar y, en consecuencia, con nuestra salud. No es extraño que los países azotados por las crisis económicas vean en poco tiempo reflejado esta situación económica en la salud de sus ciudadanos. La eurodiputada británica Glenis Willmott, durante el taller de *Salud Mental en Tiempos de Crisis Económica,* afirmó: «En Grecia la tasa de suicidio aumentó en un 40 por ciento en la primera mitad del año 2011», año en el que Grecia fue azotada por su fuerte crisis económica.

Con todo esto que te planteo, me gustaría hacerte ver que la salud financiera no es solo un tema de números o cantidad de capital disponible en tu cuenta; no solo estamos hablando de economía. El hecho de que tengas una buena salud financiera —con el menor número de deudas posibles y que además consigas ahorrar, aunque sea un euro al mes— va a repercutir en tu bienestar y en tu salud física y mental.

Decir que canceles tus deudas y empieces a generar ahorros es fácil de plasmar sobre un papel e incluso imaginarlo, pero lo cierto es que gran parte de la población vive endeudada y con nula capacidad de ahorro. Si fuera algo donde pusiéramos nuestra atención, la realidad de muchas familias ahora mismo sería otra. No va a ser algo automático y va a requerir de tu trabajo y entrenamiento mental, pero lo cierto es que aplicarlo depende de organización y de cambios muy evidentes. No necesitamos grandes cálculos matemáticos para sanear nuestra economía, sino intención y acción.

Este paso requiere sobre todo mucha planificación, atención y consciencia; medir el más mínimo detalle y no dejar nada al azar. Vas a tener que empezar a medirlo todo, y esto creo que es la clave de este punto de ahorrar y quedar cada mes es positivo: Medir todo.

De todas las operaciones matemáticas que nos enseñaron en el colegio, algunas complejas, las únicas importantes van a ser la suma y la resta. Insisto, vamos a llevar nuestra economía personal como lo haríamos si tuviéramos diez años. Sumar, restar y dejar siempre un remanente de capital disponible. Parece increíble que algo tan evidente y obvio no seamos capaces de aplicarlo.

Cuando empecé a transformar mis finanzas me di cuenta de que no tenía ninguna capacidad de ahorro. Cada mes acababa en una cantidad próxima a cero, es decir, todo lo que entraba se iba, y a veces, cuanto más cobraba más gastaba. El principal error era no medir; comprar y gastar sin tener presupuesto ni objetivo. Quédate con estas dos palabras, porque tienen magia en su interior: *presupuesto* y *objetivos*.

El ahorro es un elemento que nos permite ir más ligeros, sin cargas, con la sensación de que gastamos menos de lo que producimos y que, por tanto, avanzamos de un modo cómodo. El hecho de ahorrar capital cada mes, no es algo significativo en una primera fase, es más una semilla, una sensación de tranquilidad con nuestras finanzas, es tener la certeza de que hemos llegado con éxito a nuestra primera fase de bienestar financiero: gastar menos de lo que produzco y, por tanto, tener suficiente.

Sin embargo, este ahorro debe hacerse desde el lugar adecuado. La finalidad del ahorro no puede ser un temor de no tener en el futuro; no podemos ahorrar desde el sentimiento del miedo. No se trata de ahorrar poniendo foco en que el mañana será peor y que hay que prever tiempos difíciles. Tenemos que incrementar e instaurar el ahorro en nuestra vida cotidiana para tener capital disponible, para estar en positivo en nuestro balance mensual, en superávit, y en definitiva se ahorra para comprar lo más importante para un minimalista: la libertad.

Tenemos que incrementar e instaurar el ahorro en nuestra vida cotidiana para tener capital disponible, para estar en positivo en nuestro balance mensual, en superávit, y en definitiva se ahorra para comprar lo más importante para un minimalista: la libertad.

Cuando gastamos menos de lo que producimos estamos en el camino adecuado de la riqueza, de la abundancia y de la libertad. No podemos ser libres e ir ligeros por la vida si tenemos un patrimonio en negativo, si estamos gastando más de lo que ingresamos, o si cada final de mes tenemos que estar haciendo logaritmos neperianos para que las cuentas salgan. Recuerda que en nuestras finanzas no valen los complejos cálculos, solo son válidas sumas y restas. Un correcto equilibrio financiero nos hace libres.

Tenemos que incrementar e instaurar el ahorro en nuestra vida cotidiana para tener capital disponible, para estar en positivo en nuestro balance mensual, en superávit, y en definitiva se ahorra para comprar lo más importante para un minimalista: la libertad.

Además, el ahorro puede servir para atraer más dinero, es decir, no solo ahorramos para saber que tenemos más de lo que necesitamos, sino para invertir y hacer que ese capital se incremente y alcancemos más abundancia económica. Más entradas de capital y menor cantidad de gasto acumulado hará que adquieras mayor libertad financiera. No ahorramos para tener el dinero parado, sino para que trabaje para nosotros.

Presupuestos mensuales

No sé si alguna vez has tenido esta sensación, pero cuando yo trabajaba por cuenta ajena y tenía un salario fijo a final de mes, ganara el dinero que ganara, siempre estaba en una misma realidad económica: desastrosa.

Esto es anecdótico, porque si en ese momento ganaba un sueldo fijo, que tiene ese punto a favor de la supuesta seguridad, debería también generar ahorros regulares con facilidad, porque es fácil prever la entrada mensual de capital. Sin embargo, como ya te he dicho, tu salud financiera no depende solo de tus ingresos, sino del equilibrio que consigues realizar entre ingresos y gastos.

La sensación era, como ya te he mencionado otras veces, de estar en una cinta de correr en la que, pusiera la velocidad que pusiera, siempre permanecería en el mismo lugar. Parece que esto es común a una mayoría de personas, porque en el sistema capitalista no consciente: es muy sencillo gastar todo lo que tenemos, independientemente de los ingresos que se generen. Cuanto mayor número de ingresos, más cantidad habrá de viajes, más salidas de ocio, más créditos o una casa más grande, pero siempre en la misma situación de incomodidad y con sensación de no tener suficiente, y es que no es una sensación, terminamos por no tener suficiente. Es un acto de absoluto compromiso y consciencia vivir por debajo de nuestras posibilidades, porque el sistema está preparado para que gastes todos tus recursos. Si adaptas el minimalismo a tu economía, todo funcionará correctamente y emplearás tus recursos en mejorar tu vida y no en empeorarla.

Si adaptas el minimalismo a tu economía, todo funcionará correctamente y emplearás tus recursos en mejorar tu vida y no en empeorarla.

Cuando empecé a viajar por el mundo, me di cuenta de que dependiendo del lugar donde estuviera, los gastos eran mayores o menores, pero que, sin embargo, la capacidad de ahorro no se veía incrementada o reducida de forma drástica en función de donde estuviera. Esto me llevó a organizar mis ingresos y mis gastos de un modo muy organizado y planificado. Pensé que era imposible que estuviera ahorrando lo mismo viviendo en el norte de Europa que en una pequeña ciudad de un país del sudeste asiático. Si mis gastos fijos se reducían a la mitad, ¿cómo era posible que el resultado a final de mes fuera el mismo? Mi sensación no era de derrochar más en los países más baratos, sin embargo, el resultado final de sumas y restas al terminar cada mes era el mismo. Se empezó a generar en mí un mayor control sobre mis finanzas personales que cambió todo de forma radical y que ojalá sirva para que tú también seas más libre a partir de ahora. Esta organización que te voy a contar hará que lleves tu contabilidad personal de un modo muy consciente y controlado, conseguirás llevar tú el control de tu dinero y no al revés. En mi caso conseguí literalmente multiplicar por dos el capital de ahorro cada mes.

Cada mes contamos con unos ingresos determinados, más o menos fijos, en función de la realidad de cada persona, y más o menos grandes, en función de la situación personal de cada individuo. Lo ideal es que tengas una planificación de gastos por partidas y controladas cada una de ellas, mejor dicho, muy controladas. Aunque hablaremos en el siguiente punto de esto, lo ideal es también distribuirlo en diferentes bancos o bloques de efectivo, según uses más bancos o efectivo. Actualmente hay bancos *online* que facilitan mucho la vida con esto por no tener gastos ni comisiones sorpresa tipo N26, Revolut, etc.

Lo ideal es que tengas una planificación de gastos por partidas y controladas cada una de ellas, mejor dicho, muy controladas.

El hecho de que tengas diferentes partidas hará que controles cada detalle y que haya orden, financiero y mental. Por regla general, lo que hacemos erróneamente es tener una única cuenta donde entran los ingresos y todos los gastos; préstamos, suscripciones mensuales, compras diarias, pagos automatizados, etc. Una especie de guerra de sumas y restas que nos impiden gestionar y ordenar el capital.

Tendrás que crear tu propio grupo de gastos y de ingresos. Es algo muy personal y depende de lo que consuma e ingrese cada uno, pero un ejemplo sería:

Ingresos	Aquí estarán todos tu ingresos, tales como los salarios, beneficios, rentas, etc. Todo lo que entre en tu realidad en positivo.
Gastos	*Gastos fijos periódicos*: suscripciones (Netflix, HBO, Spotify, etc.), telefonía móvil, app de pago mensual, cuota mensual del gimnasio, etc.
	Gastos fijos vivienda: renta o hipoteca mensual, consumo de suministros, etc.
	Gastos móviles: movimientos de tarjeta para hacer la compra, pago en restaurantes, transporte público, etc.
	Gastos extraordinarios: gastos que no son fijos, pero sabemos que se van a producir de forma periódica, como, por ejemplo, viajes, gastos de seguros, actividades extras con amigos, ocio, etc.
Ahorros	Ahorro general
	Ahorro de inversión
	Ahorro para imprevistos
	Otros

Esto sería un ejemplo de cómo podemos organizar nuestras partidas para tenerlas organizadas y saber de dónde entra y por dónde sale nuestro dinero. De esta forma no solo somos conscientes de nuestros movimientos, sino que podemos tomar medidas de reducir o aumentar dinero de nuestras partidas y analizar de qué forma llegamos a nuestro objetivo.

Previsión de objetivos e ingresos

No basta con tener nuestras partidas organizadas para conocer nuestros gastos e ingresos, deberemos tener nuestros presupuestos y objetivos. De esta forma deberás establecer los siguientes puntos:

- Tu objetivo de ingreso. El dinero que sabes que va a entrar cada mes mínimo.
- Tu objetivo general de gasto. Debe ser siempre menor que los ingresos (incluyendo el ahorro que deseamos obtener).
- Tu objetivo de ahorro mensual.

Una vez que tenemos claro dónde va nuestro dinero y en qué cosas concretamente nos gastamos nuestros recursos, comenzamos a hacer las medidas correctoras posibles. Si tras realizar este análisis, ves que los gastos son mayores que los ingresos o que no te permite generar ahorro, deberás establecer medidas de corrección y tendrás que reducir el presupuesto de gasto de cada partida. Por ejemplo, si tienes tres suscripciones, puedes reducirlas a una, reducir presupuesto en ocio, comida, etc. De todas las partidas, convendrá retirar un poco para poder continuar con las cuentas en positivo.

Como veremos en el siguiente punto, habrá estrategias para organizar nuestras cuentas, pero, independientemente de eso, no gastes sin control en cada partida, sino que en cada partida que tenemos fijada establece un presupuesto fijo, el cual no puedes sobrepasar.

Una cosa que funciona muy bien para los gastos menos estables, como las compras, cenas, ocio, *parkings*, etc., es hacer un presupuesto diario en función de lo disponible en el mes; es decir, si tengo 500 € para mis gastos, esto son unos 16 115 € al día. Establece este presupuesto diario y ponlo de tope para no pasarte. Si sabes que te vas a pasar un día, tendrás que compensar a lo largo de la semana. Esto hará que calcules en todo momento dónde gastas tu dinero y poner un freno de control al gasto.

En la siguiente tabla planteo un ejemplo de cómo elaborar la corrección de las partidas para que se puedan conseguir los objetivos. Es un ejemplo de una persona que cobra 1.300 € y que, tras hacer las medidas correctoras, alcanza su objetivo de ahorrar 100 € mensuales en vez de no generar nada de ahorro. Es un ejemplo aleatorio para que lo puedas aplicar a tu realidad con tus números reales.

Cada persona tiene una serie de preferencias, de objetivos y pretensiones, pero fijar un objetivo de ahorro mensual es la clave para empezar a controlar

	Realidad actual		Corrección
Ingresos	Salario	1.300	1.300
Gastos fijos periódicos	Netflix	9	9
	HBO	9	0
	Telefonía	40	25
	Gimnasio	25	25
	Spotify	9	0
	Microsoft	9	9
	Duolingo	12	12
Gastos fijos de vivienda	Renta	500	500
	Luz	50	50
	Agua	25	25
	Internet	25	25
Gastos móviles	Compra	250	200
	Ocio	150	100
	Transporte	50	50
	Otros	25	25
Gastos extras	X1	25	25
	X2	20	20
	X3	32	0
	X4	45	45
Ahorro	Cuenta ahorro	0	100
Resultado final		-10	+55

nuestras finanzas personales. Primero, plantea un objetivo de ahorro y sobre eso elabora tus presupuestos mensuales de las diferentes partidas.

Cada persona tendrá partidas diferentes y gastos e ingresos muy distintos, el ejemplo que planteo es solo un caso inventado para que te sirva de guía.

En mi caso, además de tener una partida fija de ahorro, tengo una partida para viajes donde todos los meses agrego una cantidad fija y cuando tengo que comprar un vuelo no tengo que sacar nada de mi presupuesto diario de gastos o eliminar ahorro. Como los viajes es algo permanente en mi realidad, todos los meses tengo un gasto fijo que no consumo mensualmente, pero me permite tener una pequeña cuota controlada para que el día que tengo un gasto vinculado a un viaje, no supone un extra, por lo que está más que cubierto; es una partida siempre en positivo. Haz lo mismo con tu realidad, si tienes algún *hobby* o haces alguna cosa o actividad en tu vida de forma fija, haz una partida específica donde por una pequeña cantidad mensual lo tengas cubierto y controlado.

También es buena idea tener una partida para emergencias. Yo la llamo «salvavidas», y consiste en poner una pequeña cantidad para algún imprevisto. Por ejemplo, podríamos añadir una cantidad de 50 € mensuales. Como los imprevistos pasan una vez cada mucho tiempo o nunca, es una bolsa que va creciendo y que te da la seguridad de que en el momento que necesites algo, tus ahorros siguen estando a salvo. Esto puede ser una derrama de la comunidad, una avería de algún electrodoméstico, algún arreglo en el dentista, multas, etc. Esto me parece una buena forma de no vivir en el miedo, vivir desde la tranquilidad de que nos hemos adelantado a cosas que pueden pasar y que no necesitamos tarjeta de crédito, préstamos o acabar con nuestros ahorros para solventarlas. Si en dos años no ha pasado nada, que en realidad es lo habitual, porque estas cosas no pasan todos los meses, estaríamos hablando de que tendríamos para emergencias 1.200 €.

La cuestión es dejar de relacionarnos con el dinero desde la preocupación y la intranquilidad, para que nuestro comportamiento con las finanzas nos reporte tranquilidad, serenidad y paz.

Bancos para simplificar

Para mantener el orden de las partidas es importante no tener una única cuenta donde todo el dinero entre y salga sin orden. Ya sabemos que debemos tener partidas diferenciadas, objetivos de ingresos, de ahorros y de gastos, entonces a continuación debemos poner orden en nuestras cuentas, para que seamos capaces de saber dónde está nuestro dinero, en función de las diferentes partidas y no mezclemos el dinero de esas partidas de gastos con el dinero ahorrado. Me temo que, aunque el minimalismo tiene como objetivo tener pocas cosas, la simplificación en este caso partirá, paradójicamente, de la tenencia de varias cuentas que establezcan orden y practicidad. Pero no hay mucho problema con eso, porque las cuentas no pesan, no se guardan y formarán parte de esos intangibles útiles, además, como veremos, actualmente no tiene por qué costarnos dinero tener varias cuentas.

Una de las cosas importantes es tener una cuenta diferenciada para tu ahorro, es decir, una a la que puedas enviar tu dinero ahorrado y que no se vaya a mezclar con otras partidas y haya confusión.

Una de las cosas importantes es tener una cuenta diferenciada para tu ahorro, es decir, una a la que puedas enviar tu dinero ahorrado y que no se vaya a mezclar con otras partidas y haya confusión.

Si tu objetivo es ahorrar cada mes una cantidad x, lo que debes hacer es que en cuanto empiece el mes, y no cuando termine, enviar a la cuenta de ahorro la cantidad que hayas establecido. De esta forma lo dejas garantizado desde el primer día y no planteas el ahorro como algo optativo en caso de que sobre o haya ido bien el mes. Lo primero que se hace una vez entran nuestros ingresos mensuales es dividir por partidas, y retiraremos según nuestros objetivos de gastos y ahorros; en este caso, retirarás tu cantidad establecida como ahorro a una cuenta diferenciada que solo será utilizada para ahorrar. Tendrás tu objetivo mensual y anual y podrás verlo a golpe de vista, sabrás en todo momento cuánto hay, cuánto habrá en el futuro y no se mezclará con tus actividades y gastos diarios. Garantiza tu ahorro como prioridad, para ello ten una cuenta aparte para este dinero.

La cuenta de ahorro no es una cuenta de gasto, solo admite entradas de capital y no se puede domiciliar nada o sacar dinero en algún cajero, de hecho, no hace falta tener tarjeta para ella, es nuestro oasis de tranquilidad. Un espacio donde cada mes sabemos que vamos a tener capital en positivo. Es una cuenta que solo crece y nunca decrece. No solo es útil desde el punto de vista numérico, sino para entrenar nuestra tranquilidad financiera y hacer un buen trabajo con nuestra mentalidad respecto al dinero.

La cuenta de ahorro no es una cuenta de gasto, solo admite entradas de capital y no se puede domiciliar nada o sacar dinero en algún cajero, de hecho, no hace falta tener tarjeta para ella, es nuestro oasis de tranquilidad.

El resto de las cuentas bancarias van a depender de qué tipos de gastos y partidas necesites, no hay reglas fijas y cada uno ha de personalizar y adaptar el número y tipo de cuentas a su realidad para su mejor control. Pero una buena idea sería tener al menos tres cuentas más. No debemos tener miedo a tener muchas cuentas, sino a tener solo una y que esté vacía. Una posible distribución de cuentas puede ser la siguiente:

- *Cuenta para gastos de suscripciones*: En ella cada mes introduciremos el dinero que vamos a gastar en suscripciones, que además es una cantidad completamente predecible y regular. Aquí iría tu suscripción a Netflix, HBO, filmin, Spotify, telefonía móvil, un seguro médico privado, etc. Todas esas mensualidades fijas que llegan a tu cuenta mensualmente. Imagina que el gasto fijo que tienes en esta partida es de 100 €, cada mes irás añadiendo a esa cuenta 115 €, por ejemplo. En esta cuenta la realidad será que cada mes salen 100 € de gasto y es esa cantidad la que ingresas, con la peculiaridad de que siempre quedará en positivo, porque ingresas un pequeño porcentaje de más. La función de esta cuenta es que tendrás la partida separada, y además serás consciente del total de suscripciones y gastos fijos. Ver el total es interesante, porque nos solemos comprometer a pagar pequeñas cantidades que creemos son insignificantes, pero que, al sumarse como un total, es una cantidad grande. Piensa que a veces puede ser el 10 por ciento del salario. En mi caso separar esta partida fue muy útil porque reduje en un 40 por ciento el gasto en suscripciones. Estar suscrito a cosas que no usamos o no damos utilidad no es minimalista ni inteligente. Optimiza esta partida y tenla muy controlada en todo momento.

- *Cuenta para gastos diarios*. En esta cuenta es donde tendremos la tarjeta que vamos a usar en nuestro día a día; cuando vayamos a la compra, a pagar nuestros transportes, restaurantes, etc. El objetivo de esta cuenta es que también tendremos un límite de consumo para ello. Como cuando empezamos el mes hemos separado ya el dinero que cubre todas nuestras partidas, en esta cuenta dejaremos solo lo que vayamos a tener presupuestado para ella; por ejemplo, 500 €. Sabremos que este es nuestro presupuesto mensual, dividido en días serán 16 € y, por tanto, no podremos pasarnos de esa cantidad, unos 117 € semanales.

Tener un límite es bueno, porque somos personas demasiado inconformistas y caprichosas. Si un mes has hecho un gasto extra de alguna cosa, estarás limitado para hacer otro, y nada de malo hay en ello. Pasar por escaparates y comprar sin control no nos hace más abundantes, todo lo contrario.

Puede que pienses que vivir con límites mensuales no es abundante y que la gente rica compra mucho; sin embargo, son ricos por comprar menos de lo que ingresan. Si ves a alguien que compra mucho habrá dos posibilidades: que sea una persona rica, en cuyo caso estará gastando muy por debajo de lo que podría gastar, o que sea una persona que este gastando por encima de sus posibilidades y por tanto esté endeudada. Cuando alguien con mucha abundancia e inteligencia financiera se compra una casa de diez millones de euros, no pienses que se gasta mucho, seguramente esa cantidad no suponga ni el 0,2 por ciento de lo que tiene. Una cantidad mucho menor en realidad que cualquier persona que emplea en torno a un 60 por ciento de sus ingresos en vivienda. La gente rica real siempre gasta por debajo de sus posibilidades, no hay ningún secreto con esto, para tener buena salud financiera debes gastar menos de lo que ingresas. Si quieres imitar a los ricos no compres mucho, compra menos de lo que ingresas.

- *Cuenta «salvavidas».* Como hemos visto anteriormente, es importante contar con un capital para imprevistos, esto no es para poner foco en esta posibilidad y pensar que nos van a pasar contratiempos de forma constante, es una forma de pagar nuestra tranquilidad en este aspecto. Poner una pequeña cantidad y saber que tenemos cierta capacidad para cubrir emergencias hará que cuando se rompa tu lavadora no tengas que hacer piruetas en el aire, gastar de ahorros o reducir los gastos de ese mes, tú ya lo habrás contemplado antes de que ocurra y por tanto podrás cubrirlo.

Quizá no pase nada en un año, en dos o incluso más, pero lo que sí habrá ocurrido es que habrás comprado la tranquilidad que da saber que tienes una cuenta de imprevistos con capital disponible. La cuenta salvavidas la podríamos llamar «la cuenta de mi tranquilidad mental».

- *Cuenta para sueños.* Si tenemos una cuenta para los imprevistos, también debemos tener una cuenta para nuestros sueños; tener previsión de dinero para cuando queramos darnos ese viaje que llevamos tiempo soñando, para hacer ese curso que nos va a cambiar la vida o cualquier cosa que estemos pensando. Tener el capital antes de que el sueño aparezca es una buena forma de que los sueños se cumplan de un modo rápido y sin deudas, y esto último es lo más importante, porque las vacaciones es algo en lo que las familias se endeudan para el resto del año. Mi consejo es que no te endeudes por tus vacaciones, sino que inviertas en ellas. El dinero se gasta cuando se genera, y no antes.

- *Cuenta vivienda.* Esta cuenta es útil para tener tus gastos de vivienda, pueden ser alquileres o hipotecas, seguros, impuestos, suministros etc. Todas las cosas que supongan un gasto de vivienda, podemos tenerlo en una cuenta diferenciada para poder mantener el control y saber dónde va el gasto principal de esta partida.

- *Cuenta de formaciones.* Esta partida es una muy concreta y personal que yo uso. No estamos habituados a contar con formación de forma permanente, pero en mi caso es algo que mantengo en el tiempo y que, además, te recomiendo que hagas. No debemos dejar de leer o de hacer cursos. Nuestro capital personal, el conocimiento y aprendizaje que adquirimos nos hace más valiosos y no tiene precio.

Cada forma de distribuir las cuentas y el número de ellas depende de cada persona y su situación, pero esto sería una pequeña aproximación de ejemplo de cómo tener cuentas y partidas diferenciadas para mantener el control de nuestros gastos y objetivos.

Para que veas cómo quedaría el reparto de ingresos en un caso ficticio anterior, después de un año de una persona que gana un salario de 1.300 € sin aumentar fuentes de ingresos ni más cambios que aplicar la organización y el control, te muestro esta gráfica. Recuerda que las cantidades son inventadas y que quizá no se aproximen a tu realidad financiera; adáptalo a tus finanzas. Lo importante es que, al organizar, pongamos límites y orden, porque con tan solo está acción todo cambia sin necesidad de conseguir más ingresos.

INGRESO MENSUAL: 1.300 €

110 €/mes	60 €/mes	500 €/mes	530 €/mes	50 €/mes	50 €/mes
Cuenta ahorro	**Cuenta suscripciones**	**Cuenta operaciones**	**Cuenta vivienda**	**Cuenta sueños**	**Cuenta emergencias**
+ 1.320 €	+ 180 €	+ 45 €	+ 70 €	+ 600 €	+ 699 €

Una de las cosas que podemos pensar es que puede ser muy complejo eso de operar con muchas cuentas a la vez, o que podemos ser víctimas de las comisiones que genera la tenencia de cuentas y tarjetas, pero lo cierto es que actualmente tenemos muchas posibilidades. Por un lado, no requerimos cuentas convencionales asociadas a tarjetas, solo necesitamos una cuenta con tarjeta y el resto solo es un lugar donde depositar el dinero. Podemos tenerlas todas en un único banco o segmentar.

Una cosa muy útil es utilizar la banca *online* para algunas de las partidas. Cuentas como N26 o Revolut te permiten utilizar su servicio sin coste o con un coste mensual fijo para las cuentas premium. Por ejemplo, puedes tener tu cuenta convencional para tus movimientos básicos, pero tener una cuenta en un banco *online* para las suscripciones mensuales. Las cuentas en N26, además, te permite tener varias subcuentas dentro de una misma, es decir, tienes una única cuenta, pero en ella hay apartados diferentes que puedes nombrar, de esta forma, con una única cuenta o dos, tendrías toda la organización de cuentas resuelta.

Apoya a tus causas

Una buena práctica una vez hayas saneado tus finanzas y experimentes la tranquilidad de tener suficientes recursos para tu vida es aportar con tu capital a alguna de las causas en las que confíes. No hace falta que cada persona aporte un gran porcentaje de sus ingresos, de hecho, esto sería negativo por sobredimensionarnos. Elige una causa y fidelízate a ella, no hagas ayudas por encima de tus posibilidades, pero no dejes de aportar y ser útil para tu causa.

Elige una causa y fidelízate a ella, no hagas ayudas por encima de tus posibilidades, pero no dejes de aportar y ser útil para tu causa.

Puedes hacer un aporte mensual de una pequeña cantidad que no te suponga mucho esfuerzo, pero al mismo tiempo haga que tú y tu capital sean útiles y valiosos para otros.

Lo ideal sería poder aportar entre un 10 y un 15 por ciento de tus ingresos mensuales, pero ha de ser algo que no suponga esfuerzo. Si tu situación no te lo permite (has de estas bien tú para poder ayudar a otros), da un porcentaje menor, porque serás capaz de mantenerlo en el tiempo, por ejemplo, un 1 por ciento.

En resumen, las claves para aplicar el minimalismo a la economía personal son muy sencillas y simples, muy en línea con una organización básica de las finanzas. Lo importante es que tus finanzas estén controladas y simplificadas para que te hagan la vida más fácil y ligera.

Claves para ser minimalista en la economía personal

- Reduce progresivamente hasta eliminar por completo tus deudas personales.
- Comienza a elaborar planes de ahorro para que cada mes siempre haya un balance positivo en tu economía.
- Organiza tus finanzas de ingresos y gastos por partidas y presupuestos.
- Intenta reducir tus gastos al máximo.
- Organiza varias cuentas bancarias para organizar tus diferentes grupos de gastos e ingresos.
- Aporta un porcentaje fijo para colaborar con alguna causa que vaya contigo.

Si conseguimos eliminar o reducir al máximo la deuda y organizar nuestros ingresos, estaremos simplificando mucho nuestras finanzas, que siempre estarán en positivo y nos proporcionarán la libertad financiera que necesitamos para ir por la vida con más ligereza y simplicidad. Tendremos el control de nuestra economía y no seremos sujetos pasivos.

Tener una vida coherente con nuestro entorno es asumir que somos abundancia y que además estamos en un entorno abundante. Bajo estas dos premisas nos alejamos del miedo, de las inseguridades y del apego a los objetos e incluso al mismo capital. No gastaremos sin control con la idea de que no habrá otra oportunidad de adquisición de ese producto, pero tampoco ahorraremos para estancar nuestro dinero por temor a que lo vayamos a perder.

Establecer armonía con el dinero y con nuestra propia naturaleza abundante es básico para poder avanzar y vivir una vida con salud emocional. Solo cuando nos rendimos ante la libertad de la abundancia y sabemos que esa abundancia está en nosotros mismos y a la vez en todo lo que vemos, es cuando conseguimos avanzar. Cuando entendemos que esa abundancia es una interpretación, una forma de entender el mundo, solo en ese momento podremos ver su manifestación en nuestras vidas.

Lo que compras y por qué lo compras

Seguramente creas que tienes más libertad sobre las decisiones de compra que tomas a lo largo del día de la que realmente estás ejerciendo. Los compradores, cada vez más alienados, con consumos más mecánicos e inconscientes, intentamos cubrir necesidades y carencias emocionales con la adquisición de nuevos productos que, por supuesto, son incapaces de satisfacer esa necesidad para la cual no fueron hechos.

La psicología y la sociología del consumo nos pueden aportar una gran cantidad de información y luz sobre nuestros hábitos de consumo y cómo nos comportamos como compradores en el actual mercado global. ¿Por qué compramos más, pero dando menos utilidad a las cosas? ¿Por qué nos estamos comportando de forma tan diferente a las sociedades anteriores en nuestros hábitos de compra y preferencias?

El sociólogo chileno Tomás Moulian, en su libro *El consumo me consume*[25], hace una reflexión profunda sobre cómo se relacionan las actuales sociedades con el consumo. Aunque el acto de consumir es algo necesario para el ser humano porque es la forma en la que consigue los bienes y servicios con los que cubrir necesidades, también hemos pasado a transformar esa compra por utilidad a una compra por deseo, por placer.

«

No se consume solamente por sobrevivir o reproducir la especie, también por placer, para gozar, para apagar provisionalmente un deseo.

»

Quizá este consumo nos haga menos productivos o valiosos como sociedad, porque mientras empleamos nuestro tiempo en un consumo exagerado, dejamos de aportar valor a otros, incluso a nosotros mismos. Es cierto que consumir hace que seamos útiles para el sistema, pero si nuestra única aportación es consumir, acabaremos por reducir las aportaciones reales. En palabras de Moulian[25]:

«

La instalación del consumo como deseo principal, como eje de un proyecto existencial, implica un vaciamiento de otros sentidos que orientan la acción humana hacia proyectos artísticos, religiosos, intelectuales, políticos o emancipatorios, que tiendan a realizar lo que llamamos una contribución al acumulado histórico de la especie o de la humanidad.

»

Comprar ya ha dejado de ser el acto de adquirir un determinado bien para cubrir una necesidad concreta, sino que en la posesión despertamos otros intereses menos evidentes. Moulian lo expresa así en su obra[25]:

«

Este capitalismo dotado de una gigantesca capacidad productiva, necesita instalar en las subjetividades el consumo como deseo. Pero como abomina de la posible morosidad de este deseo, de la tendencia a cocerse a fuego lento, también busca instalar, en el interior de cada uno, los impulsos voraces hacia el consumo, la actitud hedonista. Opuesta a la actitud estoica que también funciona en la lógica del deseo, la primera actúa atraída por el vértigo, privilegiando los mecanismos de autocontrol.

»

Independientemente de esta fantástica reflexión sobre el hedonismo y el estoicismo en nuestro comportamiento, conceptos de los cuales hablaremos más adelante, yo creo que todos tenemos claro que realizar compras dejó hace tiempo de ser un proceso de adquisición de productos y servicios que cubren determinadas necesidades, ya que no solo compramos por utilidad. Comprar es un elemento de prestigio, de estatus, de placer o de deseo, pero también se ha convertido en una forma en la que empleamos nuestro tiempo: el consumo como ocio.

No es casual que los fines de semana se acuda en masa a pasar tiempo libre dentro de un centro comercial. En ese espacio artificial y estratégicamente pensado para el consumo, es donde familias y parejas eligen voluntariamente pasar su tiempo libre. Es un lugar seguro, climatizado y con accesos perfectamente estudiados para la máxima comodidad.

Cuando acudimos al centro comercial podemos comer, ir a la bolera, al cine, a comprar ropa, comida, joyas o perfumes. En definitiva, tenemos ante nosotros una ciudad en miniatura preparada para consumir y divertirnos. Podemos decir que es la máxima expresión de cómo el consumo se ha transformado en un acto social, de disfrute y de ocio.

Un centro comercial es la evolución de los mercados tradicionales de comida, donde productores de alimentos y consumidores se reunían para hacer intercambios. La diferencia es que al mercado se acudía a comprar productos de primera necesidad empleando el menor tiempo posible, y al centro comercial se va a pasar el tiempo libre, es el lugar donde se emplea el tiempo de ocio. De esta forma, encontramos en el consumo un modo de vida, compramos como entretenimiento, y, por tanto, pasa a ser un acto social, algo que no ha tenido precedentes en la historia de la humanidad.

Esto puede parecer que no tiene demasiada transcendencia social, pero en realidad un centro comercial representa un cambio en nuestros hábitos de consumo, donde mejor que nunca se vincula *consumo* a *disfrute* y a nuestra propia cultura. Es un lugar que nos lleva a realizar compras sociales, por costumbre, por tradición, haciendo de esta forma, a los ciudadanos unos compradores permanentes y estables. Se han generado consumidores que ya no compran por el mero hecho de necesitar algo, sino por cultura, y cuando algo entra en nuestra forma de vida de un modo tan profundo, se convierte en algo más arraigado y normalizado, comportamientos fácilmente sostenibles en el tiempo. Ahora hemos decidido emplear nuestro tiempo en lo que son literalmente espacios de venta, estando, por tanto, sometidos en todo momento a mensajes de compra, publicidad y técnicas de venta.

Encontramos en el consumo un modo de vida.

Si pasamos nuestro tiempo de ocio en lugares preparados para que compremos, cada vez es más complicado reconectar con nuestro consumo y empezar a realizar hábitos conscientes en los intercambios. Principalmente, porque ya hemos hecho del consumo un acto cotidiano en nuestro tiempo de disfrute. Ya no compramos, nos estamos divirtiendo. El lugar público que compartimos con otras personas ha pasado a ser un grupo de tiendas acotadas en un determinado espacio.

Con esto no quiero decir que el centro comercial tenga algo de malo en sí mismo; en realidad, y visto desde un punto de vista práctico, el hecho de tener espacios bien equipados donde están disponibles todos los productos que necesitamos en un único lugar es una genialidad desde un punto de visita de organización y de practicidad social, pero debemos saber que si pasamos nuestro tiempo rodeados de tiendas y compramos para pasar nuestro tiempo de ocio y simplemente por diversión, tenderemos al consumo excesivo y sin sentido.

Además, los centros comerciales se adaptan cada vez más a que les dediquemos nuestro tiempo de ocio. Si antes acompañando a las tiendas, encontrábamos restaurantes y cines, los centros comerciales modernos tienen además gimnasios, bibliotecas, pistas de esquí, rocódromos, o incluso podemos dar un paseo en góndola dentro de sus canales interiores, como en los casos del Marina Bay Sands, en Singapur, y el Grand Canal Shoppes, en Las Vegas. Los centros comerciales cada vez tienden a ser más espectaculares; lo importante allí es atraer al mayor número de personas a sus instalaciones para que así haya más posibilidades de que consuman en alguna de sus infinitas opciones. En las grandes ciudades los centros comerciales pueden ser un lugar diferenciador de la ciudad y digno de visitar por los turistas.

Incluso podríamos hablar de la transformación de las ciudades en centros comerciales al aire libre.

Incluso podríamos hablar de la transformación de las ciudades en centros comerciales al aire libre, es decir, tenemos centros comerciales situados sobre todo a las afueras de las zonas urbanas pero, además, el centro de las grandes ciudades, peatonalizados y remodelados son ahora un lugar lleno de tiendas y comercios globalizados, las mismas tiendas que en los centros comerciales, por cierto. Determinados puntos de las principales ciudades en el mundo pasan a ser una variedad de un centro comercial, un lugar turístico y, de paso, donde la vida de las personas locales está ya en peligro de extinción. Las ciudades pasan de esta forma a ser un gran hotel impulsado por el éxito de Airbnb y otras plataformas que han transformado ya los edificios en espacios para turistas, pero también en un gran centro comercial, donde la mayor parte de los locales comerciales que se alquilan en determinados puntos de la ciudad es para las grandes firmas de moda y otros negocios globales.

No me había dado cuenta de lo importantes que son estos centros comerciales en nuestra cultura hasta que estuve en Tailandia. Tras pasar unos meses por el norte del país en pequeños pueblos alejados de ciudades, fue al llegar a Bangkok, y entrar a un gran centro comercial, cuando me sentí como en casa. Estaba en un país ajeno a mi cultura y llevaba tiempo de «aislamiento urbano»; sin embargo, al entrar a ese espacio, noté que dominaba los espacios, sabía cómo comportarme y de algún modo había llegado a un lugar que ya conocía. Era la primera vez que entraba en ese centro comercial, pero ya lo conocía, me sentía en casa. Pertenezco a esa generación que vivió la creciente expansión de centros comerciales y que los usó. Ahora forman parte de mi cultura y de mi historia personal, probablemente mucho más que cualquier otra cosa.

El mercado global ha conseguido que estemos más unidos que nunca; que toda una generación esté comprando en los mismos sitios y consumiendo del mismo modo. Ahora tenemos historias comunes y también desafíos comunes. Da igual que estés en China o en Finlandia, lo cierto es que estamos viviendo en ecosistemas sociales cada vez más similares donde compartimos estructuras comerciales, formas de pago, las mismas marcas de tiendas, idénticas tendencias de la moda y un largo etcétera que nos lleva a la realidad más homogénea de nuestro tiempo.

Entender nuestro comportamiento en torno a nuestras decisiones de compra y saber cómo funciona nuestro cerebro en torno a estos procesos, considero que es de vital importancia para conocernos a nosotros mismos y poder tomar medidas que favorezcan la relación en nuestros actuales ecosistemas sociales.

En este sentido, una de las aportaciones que la neurociencia ha demostrado en numerosos estudios es que nuestros sistemas neuronales inconscientes toman las decisiones antes de la acción, concretamente hasta 10 segundos antes de que la lleguemos a tomar la decisión[26-28]. Es decir, cuando crees que has comprado algo porque has tomado una decisión consciente, lo cierto es que tu cerebro ya lo había decidido segundos antes. Nuestra parte más irracional es la responsable de que compres lo que compras y, para ello tiene en cuenta muchos factores: entorno, luz, aromas, sonidos, tus propios recuerdos, etc. Somos menos racionales de lo que pensamos, y eso en nuestros hábitos de compra se ve mucho más enfatizado.

Los estudios cada vez son capaces de ser más objetivos en la consecución de datos y al mismo tiempo más veraces. Durante años los estudios de los consumidores se hacían sobre decisiones de compra, comportamiento o incluso con preguntas o grupos de trabajo. La ciencia abrió hace años la posibilidad de observar las reacciones del cerebro, por lo que se pude observar qué decisiones y procesos mentales ocurren en nuestro interior sin tener en cuenta la percepción que transmite cada persona. En este sentido, aunque es algo muy útil para los vendedores, ¿es ético o correcto? El experto John-Dylan Haynes en uno de sus estudios[28] concluye:

> «*Las aplicaciones actualmente emergentes que permiten la predicción práctica del comportamiento a partir de datos de neuroimagen también plantean preocupaciones éticas. Potencialmente pueden conducir a violaciones graves de la privacidad mental y, por lo tanto, resaltar aún más la importancia de las pautas éticas para la adquisición y almacenamiento de datos de neuroimagen humana.*»

Y es que, en estos momentos, muchas empresas saben más sobre nuestro comportamiento que nosotros mismos. Ya han comprobado cómo funciona nuestro cerebro ante determinados estímulos de un modo empírico y objetivo. Conocen la respuesta de nuestra mente a determinados mensajes, olores, sonidos, acciones, etc. Y lo siguen investigando. La neurociencia se consolida como una de las disciplinas y elementos básicos para conocer el compartimiento de los consumidores y aumentar las ventas.

Aunque analizamos las compras con racionalidad, lo cierto es que, si no hacemos un proceso y entrenamiento previo, nuestro cerebro reptiliano, ese más primario y especializado en la supervivencia, toma el control. Se estima que entre el 85 por ciento y el 95 por ciento del proceso total de compra es inconsciente y depende de factores no tangibles como los recuerdos y las emociones.

Además, la publicidad y la forma en la que las marcas se relacionan con nosotros hacen que construyamos atributos sobre un determinado producto y marca de un modo muy concreto.

Uno de los experimentos más conocidos en el mundo del *neuromarketing* es el que se realizó en 2004 con las marcas Pepsi y Coca-Cola para determinar los factores que determinaban la elección de cada una de ellas a través de la observación de la actividad cerebral de los participantes[29].

El experimento comienza dando a probar las dos bebidas sin que los participantes conozcan las marcas previamente (prueba ciega). En esta primera fase más del 50 por ciento preferían Pepsi como bebida seleccionada.

En la segunda parte de la prueba, los mismos participantes vuelven a probar ambos refrescos, pero en esta ocasión viendo el nombre de la marca en cada recipiente. En este caso la elección por parte de los sujetos cambia y seleccionan Coca-Cola en el 75 por ciento de los casos.

La cuestión es que los participantes ante una prueba ciega, donde no conocen la marca, eligen con mayor libertad emocional. Pero cuando ven cada una de las marcas, se activa una parte del cerebro llamada corteza prefrontal interna, que activa la memoria de imágenes, publicidad que han visto de cada marca, emociones y pensamientos conectados con cada una de las bebidas.

La prueba sirvió para demostrar que en las decisiones de compra de los consumidores entran en juego otros factores como son la afectividad irracional que ponemos en determinadas marcas, por ello la publicidad genera en nosotros algo que sin darnos cuenta modifica la forma en la que vemos determinados productos.

De esta forma, cuando estamos en un supermercado o en cualquier tienda, y tenemos que comprar algún producto, nuestras decisiones de compra no parten de nuestra libertad plena de criterio, sino que toda la carga emocional y vinculación que tenemos con cualquiera de las marcas que nos encontremos, tendrá un papel fundamental en nuestra decisión final. Creeremos que lo hacemos por propia decisión y asumiremos que fue una compra reflexiva y racional, pero lo cierto es que en cada decisión de compra se activa nuestro lado más irracional; la corteza prefrontal interna de nuestro cerebro habrá hecho su trabajo.

Nuestras decisiones de compra no parten de nuestra libertad plena de criterio.

Pero no solo los valores que asociamos a la marca, producidos por su identidad y la forma en la que esa empresa se comunica con nosotros, ejercen un papel decisivo en nuestras decisiones. Lo que ocurre en el punto de venta es cada vez más importante y digno de ser tenido muy en cuenta. No es casual que cuando entremos a una tienda, tenga características personales diferentes a otra. De este modo, podemos percibir un aroma concreto, un tipo de música, una colocación e iluminación distinta, etc., en cada tienda que visitamos. Cada marca tiene su propia personalidad en sus puntos de venta, que crean y evolucionan teniendo en cuenta al púbico al que se dirigen y lo que quieren mostrar.

Los puntos de venta cada vez ponen más atención a los sentidos. Durante años se ha puesto todo el foco en lo que la gente veía, pero realmente el resto de los sentidos tienen una fuerza muy marcada. Por ejemplo, en cuanto a los recuerdos se refiere, se ha establecido que recordamos más lo que olemos que lo que vemos. Según Bernd H. Schmitt, el olfato es el sentido que mejor recordamos, ya que llegamos a recordar el 35 por ciento de lo que olemos[30]. ¿Te extraña ahora que cuando pasas por la puerta de una tienda el olor llegue hasta ti aun estando fuera del local? El *marketing* olfativo ya es una realidad.

Por su parte, uno de los mayores expertos en *neuromarketing*, el doctor A.K Pradeep, ha realizado numerosas investigaciones y publicaciones en torno a la neurociencia. En su libro *The Buying Brain: Secrets to the Subconscious Mind*[31] el autor hace referencia a cómo otros sentidos interfieren en nuestra decisión de compra y cómo en el 99 por ciento de los casos nuestras compras son decididas por nuestra parte inconsciente:

> «*Nuestros sentidos están absorbiendo alrededor de 11 millones de bits de información por segundo. La mayor parte de esta información viene a través de nuestros ojos, pero los otros sentidos están contribuyendo también: oído, tacto, olfato, gusto y sensaciones espaciales.*
>
> *Nuestro pensamiento consciente solo puede procesar, en el mejor de los casos, 40 bits de información por segundo. Todo lo demás se procesa de forma inconsciente. Esa es una proporción, si mis cálculos no fallan, del 99,999 por ciento del total procesado.*»

Todo lo que ocurre en un punto de venta está estudiado para diferenciarse y vincularse a su público objetivo. Cuando vamos a una tienda, no quieren que vayamos solo a comprar, sino a vivir una experiencia, que nos sintamos cómodos y de este modo estar dispuestos a compara más y, además, que repitamos en el tiempo nuestras compras.

No solo compramos lo que nos gusta o lo que necesitamos, nuestras decisiones de compra también tienen que ver con lo que ocurre en las tiendas, y el inconsciente nuevamente, si le dejamos volar, jugará un papel decisivo.

En un experimento elaborado por la Universidad de Leicester por el psicólogo Adrian C. North y su equipo[32], podemos ver cómo los detalles sensoriales con los que convivimos en las tiendas tienen un papel fundamental en las decisiones que tomamos de compra. Este estudio puso de manifiesto la importancia de nuestros sentidos en las decisiones de compra, y cómo el inconsciente desempeña un papel mucho más crucial de lo que creemos. En este estudio los científicos modificaron durante dos semanas el tipo de música que sonaba en un supermercado sin que los consumidores supieran que estaban siendo estudiados. Observaron su comportamiento en sus decisiones de compra para comprobar si la música tenía repercusión en la decisión de compra de los consumidores, centrando su atención en la sección de vinos. Los resultados fueron sorprendentes.

Cuando en el supermercado sonaban melodías francesas, la venta de vino francés se triplicaba, mientras que cuando se cambiaba por música alemana, los compradores se decantaban más por la compra de vinos alemanes.

Este estudio consiguió establecer una correlación entre lo que los compradores estaban oyendo y su decisión de compra. Sin embargo, cuando se les preguntaba a los compradores por las razones de la compra, ninguno de ellos admitió que fuera a causa de la música, y esto es porque son elementos inconscientes.

Nuestra decisión de compra depende de un gran número de factores, pero, por mucho que nos moleste admitirlo, en esa montaña de factores la racionalidad ocupa un papel muy pobre. Si cuando alguien sale de una tienda le preguntáramos por las razones de esa compra, todos elaboran un listado de justificaciones racionales, pero estas razones se generaron después de haber tomado la decisión. En esa compra ha intervenido la vista, el olfato, el tacto, el oído, las emociones, los recuerdos, etc. Somos muy cerebrales para justificar nuestras compras, pero muy emocionales a la hora de decidir dicha compra. Somos compradores emocionales.

Por eso, y para evitar ser víctimas de compras no planeadas, poco útiles o irracionales, lo principal es hacer las compras de forma reflexiva. Existen unos parámetros imprescindibles a la hora de realizar la compra de productos.

Parámetros de compras de forma reflexiva

- Comprar lo que quiero comprar. No paso por las tiendas dispuesto a lo que pueda suceder, sino que, si necesito el producto X, busco ese producto y no salgo con nada que no sea ese producto. Si no lo encuentro con las características que requiero, saldré de la tienda sin él. En el caso de la cesta de la compra, siempre es conveniente ir con una lista cerrada y vinculada a un presupuesto.

- Ser lo más concretos posibles. Determinar antes de ir a comprar qué es lo que necesito, en qué cantidades, con que atributos, etc. Especificar lo máximo posible antes de ni siquiera tomar la decisión de compra, hará que sepamos lo que queremos y no nos podamos perder y caer en consumos no planeados.

- Todo lo que compremos estará vinculado a un presupuesto previo. No compramos nada que se exceda de ese presupuesto preestablecido. Podrá ser más o menos alto en función de nuestra realidad, pero no compraré algo porque sea más barato o adquiriré algo de un precio que no pueda pagar.

- Antes de decidir si lo vamos a comprar plantear:
  ¿Lo voy a usar?
  ¿Con qué periodicidad lo voy a utilizar?
  ¿Es prescindible?

- No comprar en el momento que surge la necesidad de compra. No se compra en el momento que se necesita, a no ser que sea absolutamente imprescindible. Siempre dejar días para reflexionar antes de comprar. Hay deseos de compra que, si se maduran, podemos modificarlos o incluso se eliminarlos. A veces ir más despacio hace que lleguemos más seguros.

Te adelanto que más de la mitad de las decisiones de compra se producen en el punto de venta sin que las hayamos planificado previamente y que, además, acabamos gastando más de lo que teníamos previsto.

El *marketing* y la publicidad han evolucionado mucho en los últimos años, y se nutren más que nunca de la ciencia para mejorar e incrementar el éxito en ventas. Lo que antes solo suponía lanzar grandes campañas publicitarias, ahora se ha transformado en un gran número de valiosas herramientas con las que se alcanzan movimientos más certeros y con conocimiento más avanzado del comportamiento de los consumidores. El conocimiento en el comportamiento de compra es cada vez más preciso y avanzado.

Sin embargo, nosotros, como consumidores, no estamos dando la talla en esta ecuación. Cada vez estamos más desconectados, con compras menos planificadas, fruto de los impulsos y de no mantener la consciencia en nuestros procesos de compra. Una situación que hace que cada vez nos endeudemos más, acumulemos más y nos sintamos más vacíos.

Debemos comprar con consciencia, no dejar tanto al azar y construir un consumo que nos beneficie, donde nuestra parte racional también tenga algo que decir en todo este proceso. Los estudios ponen de manifiesto cómo nos comportamos ante ciertos estímulos y cómo funcionamos, y esta información debemos utilizarla también a nuestro favor. Somos seres emocionales y tenemos que asumir esta realidad, pero no por ello dejarnos arrastras por nuestras pasiones en el momento de compra.

Como menciona Bernardo Stamateas en su libro *Emociones tóxicas*[33]:

«Nuestras emociones están ahí para ser sentidas, pero no para dominar nuestra vida, ni cegar nuestra visión, ni robar nuestro futuro, ni apagar nuestra energía, porque, al momento de hacerlo, se volverán tóxicas».

Minimalismo y alimentación

Si hablamos de algo que hacemos todos los días y que más afecta de forma directa al planeta y a nosotros mismos es, sin duda, los alimentos que ingerimos. La forma de alimentarnos no solo es algo meramente físico, sino que también es cultural, forma parte de nuestro estilo de vida y de nuestras costumbres.

Este capítulo no pretende en ningún momento prescribir cómo debes alimentarte, para eso deberás acudir a un profesional de la nutrición y que estudie tu caso particular; pero sí intentaré llevaros a la reflexión de cómo nos estamos comportando con la comida, cómo estamos consumiendo esos alimentos y qué razones nos llevan a alimentarnos como lo hacemos.

La forma de alimentarnos no solo es algo meramente físico, sino que también es cultural, forma parte de nuestro estilo de vida y de nuestras costumbres.

Lo cierto es que con la comida no pasa nada diferente a lo que ocurre con otro grupo de productos; moda, tecnología, ocio, etc. Lo que realmente es un elemento diferenciador en este caso, es la cantidad de veces que hacemos este consumo. No estamos hablando de algo que consumamos una vez al mes, sino de un grupo de productos que consumimos varias veces al día. Podemos decir que es de lo que más consumimos, pero, sin embargo, no le damos el peso que merece.

Es paradójico que un acto que hacemos de forma cotidiana, a veces sin pensar o reparar en ello y, además, varias veces al día, pueda tener tanta repercusión a nivel planetario, pero es así: la selección de alimentos marca la diferencia principal de la huella que dejamos en este planeta. Podemos creer que la acción más importante sea reciclar nuestros residuos, ir en bicicleta al trabajo o usar plásticos desechables, pero realmente la acción humana que más repercutirá en nuestra relación con el medio ambiente es la que concierne a los alimentos que consumimos. No hay una forma más directa y cuántica del total de las acciones que hacemos que las decisiones de compra relacionada con la comida.

Según un estudio publicado en la prestigiosa revista *Nature*[34], el 26 por ciento del total de emisiones realizadas por el hombre de CO_2 a la atmósfera son debidas a la producción de alimentos. Asimismo, el 43 por ciento de la Tierra, sin contar los desiertos y regiones heladas, es ocupada para la producción de alimentos.

Comer es un acto natural que hacen todos los animales; sin embargo, nosotros, por número y por formas de obtener los alimentos, somos la especie que más perjudica los ecosistemas y a su propia salud con ello.

Según Naciones Unidas, se estima que la población mundial en 2050 será de 9.700 millones de personas, un incremento del 273 por ciento respecto a la población que había en 1950[35]. Solo con este dato podemos hacer la reflexión de que tan solo con mantener nuestra forma de consumir, sin empeorar nada, no serviría para compensar la subida cuántica poblacional. Debemos replantearnos la forma de consumir lo más eficazmente posible, ya que tan solo con existir en un número tan elevado de personas, suponemos un gran gasto de recursos. Si mantenemos nuestros hábitos de consumo de alimentos tal y como están ahora, con el aumento esperado de la población, estaremos sobreexplotando el planeta y llevando a nuestros ecosistemas al colapso.

Pero cambiar nuestros hábitos de consumo en alimentación para que vayamos más ligeros y con mayor coherencia, además de suponer un aporte enorme para la relación que tenemos con el planeta, hará que facilitemos mucho nuestra vida.

Consumimos alimentos sin tener hambre, sin necesidad de hacerlo, y un número de veces completamente desproporcionado. Comer tiene la finalidad de nutrirnos sin embargo, ese ya ha dejado de ser el objetivo. Ahora comemos por aburrimiento, por divertirnos, por castigarnos, por disfrute, por costumbre social, por alegría, por pena... Comer se ha convertido en algo automatizado, sin control. Tenemos a nuestra disposición más variedad y cantidad de alimentos que nunca, sin embargo, nuestra relación con la comida sufre un proceso complejo y difícil de comprender.

Comemos muchas veces al día, pero no siempre comida saludable. Hemos pasado a normalizar el consumo de ultraprocesados como algo habitual en todos los ciclos de la vida y a convivir con normalidad con las enfermedades derivadas de la sobre alimentación. Según la OMS se estima que cada año mueren como mínimo 2,8 millones de personas a causa de la obesidad o sobrepeso. En 2016 se estimó que al menos 41 millones de niños menores de 5 años tenían sobrepeso[36].

Presentamos un gran número de enfermedades derivadas de los malos hábitos alimenticios y tenemos que hacer un esfuerzo para llevar una alimentación más coherente.

En un estudio observacional llevado a cabo en 2019, se concluyó que las personas que introducían ultraprocesados cuatro veces al día en su alimentación aumentaban el riesgo de mortalidad en un 62 por ciento[37], lo cual no debe sorprender a nadie. Lo realmente sorprendente es que aun sabiendo lo obvio, lo sigamos haciendo, y gran parte de la población haga consumo de ultraprocesados de forma habitual.

Debemos admitir que nuestra sociedad tiene un problema con la alimentación: presentamos un gran número de enfermedades derivadas de los malos hábitos alimenticios y tenemos que hacer un esfuerzo para llevar una alimentación más coherente.

Si el minimalismo es ir ligeros de equipaje, considero que debemos simplificar la relación que tenemos con la comida. Es necesario que hagamos del acto de comer un proceso natural, donde no haya lugar para la dependencia a los alimentos, donde no tengamos que hacer grandes cálculos matemáticos ni organizacionales para saber qué comer. Es importante dejar de comer procesados con tanta frecuencia y eliminar los alimentos que no nos hacen bien y que, además, están acompañados de otros elementos que no nos interesan y son perjudiciales: plásticos y otros *packaging*, conservantes, colorantes artificiales, grasas saturadas de mala calidad, etc. Hemos de ntender la alimentación como algo sencillo y natural.

Cuando hablamos de cambiar hábitos de alimentación, nos volvemos inflexibles y rígidos ante esos cambios. Justificamos nuestras acciones y argumentamos en contra para que nuestra posición no se vea amenazada, pero lo cierto es que llevar un estilo minimalista conlleva un compromiso también en cuanto alimentación se refiere. Debemos aprender a relacionarnos bien con la comida, adaptarla a nuestra vida minimalista, porque si todo se trata de simplificarnos la vida, de ir más ligeros y libres, no podemos pasar por alto esa acción que hacemos varias veces al día.

Pero ¿qué acciones de consumo estamos llevando a cabo que tanto nos complican la vida?

Comer muchas veces al día y lo peor posible

Es curioso saber que desde los primeros hombres cazadores recolectores hasta ahora hayan pasado unos cuantos millones de años, y que tan solo en los últimos dos siglos hayamos cambiado por completo nuestra forma de comer. Nuestra especie, desde nuestros orígenes, recolectando frutos y cazando evolucionó más tarde con la domesticación de ciertos cereales y asentándonos de este modo en un lugar fijo para dejar de ser nómadas. Este proceso llevó miles de años y basando nuestra alimentación siempre en alimentos con cierta similitud en su composición, con cambios muy pequeños y progresivos. En tan solo dos siglos nuestros hábitos de alimentación se han modificado de un modo muy marcado. En realidad, serían muy pocas las especies que podrían sobrevivir a un cambio en la forma de alimentarse en un periodo tan corto de tiempo. Todas las especies somos capaces de adaptarnos, pero esas adaptaciones requieren muchos miles de años. La naturaleza tiene otros tiempos que nos hemos saltado.

En nuestras sociedades fijamos la realidad general en comer mucha cantidad de alimentos de mala calidad y en ocasiones sin capacidad de nutrirnos. Comemos muchas veces al día, y con esto no me refiero solo a las comidas oficiales, sino también a todas esas comidas en forma de snacks, patatas o bollería que se ingieren entre comidas. Tomamos gran cantidad de calorías vacías, de esas que no suman nutrientes de calidad y nos hacen estar sobredimensionados.

Tomamos gran cantidad de calorías vacías, de esas que no suman nutrientes de calidad y nos hacen estar sobredimensionados.

Entre los principales retos de salud a los que se enfrentan los países desarrollados, encontraremos dolencias derivadas de los malos hábitos de alimentación tales como la obesidad, el sobrepeso, la hipertensión, diabetes, algunos tipos de cáncer, osteoporosis, gota, etc. También podríamos hablar del elevado consumo de alcohol que se ha situado como una de las principales causas de muerte. Se estima que mueren alrededor de 3 millones de personas al año en todo el mundo a causa del consumo de alcohol[38].

Es decir, de nuevo nos encontramos como principal problema el exceso, la sobredimensión de posesiones y acciones. Algo que nos hace la vida más compleja y nos lleva a ver la alimentación como un problema porque no sabemos qué comer, en qué cantidades o con qué características. Hablar de minimalismo y alimentación es una invitación para volver a equilibrarnos y hacer que los alimentos sean algo positivo y no la causa de nuestras enfermedades y desajustes emocionales.

Debemos comer menos alimentos procesados y en menos cantidades, eliminar esas «comidas» que en realidad no lo son: bollería industrial, helados, dulces, patatas, refrescos, ultraprocesados, etc. Los momentos en los que vayamos a comer, mejor que sea para ingerir comida real, lo menos procesada posible. Cada alimento debe conseguir que con la menor cantidad posible obtengamos el mayor número de nutrientes. Si vamos a comer algo que no va a sumar, mejor no incorporarlo. El orden será fundamental para ello.

Cada alimento debe conseguir que con la menor cantidad posible obtengamos el mayor número de nutrientes.

En mi caso algo que me resulta especialmente útil es eliminar por completo picar entre horas, eliminar las comidas que en realidad no son comidas. Si necesito comer lo hago de verdad, es decir, si en un momento del día tengo un poco de hambre no pico, sino que lo transformo en una comida completa.

De esta forma, cada vez que voy a ingerir alimentos es a través de una comida real, sentándome a la mesa y siendo consciente de los alimentos que voy a comer. Si hay solo un poco de hambre insignificante que no me hace comer, no tomo nada y, si es hambre real, hago una comida completa.

Mi realidad es diferente a la mayoría, porque estoy en viaje permanente y eso hace que tenga que poner mucho orden y ser muy estricto para no perder el norte. Cuando no tenemos horarios ni rutina, debemos forzarla nosotros para no estar en constante caos.

En resumen: elimina picar entre horas con comida sin carga de nutrientes lo máximo posible. Con ello vamos a conseguir reducir el número desproporcionado de ingestas, y al mismo tiempo quitar alimentos vacíos.

Establece horario de comidas

Para no entrar en el caos dietético diario, una de las cosas que podemos hacer es tener bien claro nuestro horario de comidas de forma que no estemos improvisando constantemente o nos lleve a tener hambre de forma permanente.

Por ejemplo, en mi caso yo estoy siempre de viaje, es normal que haya un poco de conflicto con los horarios, por ello establezco unos horarios fijos de comidas aproximados donde sé a qué horas hago mis ingestas y en qué franjas horaria no puedo ingerir.

Si, por ejemplo, determinamos que a partir de las 21.00 h ya no hay más comidas porque a las 20.30 h tomamos la última de nuestras ingestas, establecemos el orden mental de que no tomaré nada después de la cena, y de esta forma pongo un freno a picar algo antes de ir a dormir.

Esto no quiere decir que nos volvamos inflexibles y que nos comportemos como robots, simplemente que ante el desorden excesivo al que sometemos nuestra realidad, seamos capaces de poner orden y cierta disciplina para no acabar haciendo 10 comidas al día (que, aunque parece mucho, no es nada exagerado ni alejado de la realidad general).

Simplemente, seguimos haciendo el mismo tipo de alimentación que normalmente, pero pautamos orden y horarios aproximados en nuestras comidas.

Para mí una de las prácticas que me beneficia es el ayuno intermitente, porque hace que ponga orden y separe el tiempo ante el que sí realizo ingesta de alimentos de los momentos en los que no lo hago. Por supuesto, tiene grandes beneficios para la salud, pero para mí una de sus mejores ventajas es que nos impone un orden según el cual no podemos comer desde una determinada hora. En mi caso hace que no desayune y que cene temprano. Este orden en los viajes es de vital importancia, ya que establece rigor y orden mental.

No es algo que recomiende, simplemente lo expongo porque a mí me funciona como forma de plantear orden y disciplina, pero cada persona tendrá que determinar si le funciona en su realidad y preferencias y si encaja con su forma de alimentación y por supuesto consultarlo con su nutricionista.

El ayuno intermitente no es más que alargar los tiempos de descanso en los cuales no comemos, entre comida y comida. Por ejemplo, una persona que duerme ocho horas está haciendo un ayuno intermitente de ocho horas sin darse cuenta, y este periodo natural se puede alargar un poco más en función de nuestras necesidades. Si, por ejemplo, cenamos a las 19.30 horas y nuestra primera comida del día es a las 11.30h de la mañana, estaríamos realizando un ayuno intermitente de 16 horas. Es decir, llamamos ayuno intermitente al ayuno que se realiza diariamente en el que permanecemos X horas del día sin ingerir alimentos.

Independientemente de que adoptemos o no el ayuno intermitente a nuestra realidad, ponernos horarios concretos para comer, establecer orden, límites de horas para empezar a comer y límites en la noche, hace que dejemos de picar, nos simplifica la vida, y nos obliga a dejar de pensar todo el día en comer. Como vimos anteriormente, el proceso de pensar qué comer y cuándo hacerlo forma parte de esas decisiones que nos agotan.

Alimentación basada en plantas

Si hablamos de alimentación minimalista, no podemos dejar de hacer alusión a la alimentación vegetal; esa alimentación que, en un porcentaje mayor o menor, se basa en vegetales. Una alimentación basada en plantas optimiza los recursos que requerimos del planeta y es el modo más minimalista de alimentarnos.

Los alimentos de origen vegetal cumplen a la perfección esa regla de menos recursos consumidos y más beneficios obtenidos. Si basamos nuestra alimentación en productos de origen vegetal sin refinar (frutas, verduras, cereales integrales, legumbres y frutos secos), y hacemos un buen balance de cada uno de ellos, estaremos aportando al cuerpo todo lo que necesita con los menores recursos utilizados. Esto se debe a que la producción de alimentos de origen vegetal es más sostenible porque requiere menos recursos para su obtención.

Según un estudio de la FAO[39], podemos reflexionar sobre algunos datos interesantes:

«

El sector ganadero supone el 18 por ciento de las emisiones de gases de efecto invernadero.

El sector pecuario es un factor clave en el incremento del uso del agua ya que es responsable del 8 por ciento del consumo mundial de este recurso, principalmente para la irrigación de los cultivos forrajeros.

Se estima que en los Estados Unidos de América la cuarta superficie más grande del planeta, la producción pecuaria es responsable del 55 por ciento de la erosión y sedimentación, el 37 por ciento del uso de plaguicidas, el 50 por ciento del uso de antibióticos y un tercio de las descargas de nitrógeno y fósforo en los recursos de agua dulce.

La ganadería constituye cerca del 20 por ciento del total de la biomasa animal terrestre, y el 30 por ciento de la superficie terrestre que ocupa hoy en día estuvo antes habitada por fauna silvestre. De hecho, el sector pecuario podría ser el primer responsable de la pérdida de biodiversidad dado que es la primera causa de deforestación y tiene una alta participación en la degradación del suelo, la contaminación, el cambio climático, la sobreexplotación de recursos pesqueros, la sedimentación de zonas costeras y la propagación de especies invasivas exóticas.

»

Llevar una alimentación basada en plantas es la mejor alternativa para minimizar nuestro impacto en el medio ambiente. Debemos hacer los cambios precisos para poder comer con orden productos vegetales, lo menos procesados posible y con el menor uso de plásticos u otros *packagings*.

Otro aspecto interesante es intentar consumir productos de proximidad, en la medida de lo posible, para favorecer así el consumo de productores locales y evitar la liberación de CO_2 a la atmósfera, que supone el transporte de alimentos llegados desde puntos alejados del lugar donde van a ser consumidos.

Medidas para adaptar la alimentación a un estilo de vida más minimalista

- No comer sin control ni orden.
- Establecer horarios en nuestras comidas.
- No picar entre horas con alimentos que no son nutritivos.
- No comer exceso de productos procesados.
- Reducir productos con muchos envases e intentar tomar los alimentos más próximos a su naturaleza.
- Consumir preferentemente alimentos vegetales.
- Tomar alimentos locales.

Minimalismo en la información, era digital y relaciones personales

Nuestra relación con la información

Si hablamos de ir ligeros por la vida, ir con poca carga y con libertad, seguramente estés pensando en reducir todo aquello que sobra y que tiene peso, esas cosas que ocupan espacio en nuestra vida. Sin embargo, hay otros aspectos en nuestro entorno que no tienen peso, pero suponen una gran carga para nosotros; es el caso de la información que absorbemos cada día. Tener exceso de información, de ruido y de estímulos es sin duda una de las mayores cargas con las que vamos a tener que lidiar.

Y es que si hay algo que se ha multiplicado de un modo muy amplio en nuestras vidas es sin duda la información a la que estamos sometidos. Imposible no estar completamente contaminados de imágenes, publicidad, noticias, vídeos, etc. Nuestro cerebro, desde que empieza el día y hasta que lo termina, está sometido a grandes dosis de información. A veces hasta segundos antes de ir a dormir estamos absorbiendo nuevos contenidos. La vida digital hace que no nos permitamos descansar ni un momento.

Los tiempos en los que una radio, una televisión con pocos canales y un periódico eran nuestro contacto con la información han pasado a la historia. Ahora, a todo lo que ya existía se unen nuevas formas de información que saturan nuestros sentidos y hace que perdamos por completo el control sobre lo que queremos o no ver.

No creo que la digitalización sea un problema, todo lo contrario, es una de las cosas que más nos han ayudado y facilitado la vida, y está llena de aportaciones positivas, pero es nuevamente el uso que le damos lo que hace peligrar nuestra serenidad e incluso nuestra salud. Sí, otra vez aparece por aquí la palabra *salud*.

Si pensamos en el uso que hacemos de los móviles, de las redes sociales, plataformas de mensajería instantánea, etc., nos daremos cuenta de que nos encontramos en una delgada línea entre el uso elevado de las nuevas tecnologías y la adicción.

Aunque actualmente la *adicción a internet* no figura como una enfermedad incluida en el DSM (Diagnostic and Statistical Manual of Mental Disorders), editadas por la asociación de psiquiatría, lo cierto es que es un problema que afecta a un gran número de personas.

El psiquiatra Alfredo H. Cia, en su estudio publicado en la revista *Neuropsiquiatría*[40], menciona que:

«

> *La persona que sufre una adicción a internet se caracteriza por los tiempos de conexión muy prolongados con fines recreativos a lo largo de cada día, que pueden llevarle a descuidar otras áreas importantes de su vida como el trabajo, las relaciones sociales, la alimentación, el descanso, etc.*
>
> *Como ocurre en las adicciones químicas, las personas adictas a determinada conducta experimentan, cuando no pueden llevarla a cabo, un síndrome de abstinencia caracterizado por un profundo malestar emocional (estado de ánimo disfórico, insomnio, irritabilidad e inquietud psicomotora). Tal como ocurre en el ámbito de las drogas, es difícil que un adicto conductual se considere como tal y acepte el rótulo diagnóstico, por un tiempo prolongado.*

»

Según un estudio de la OCU sobre los riesgos de la adicción al móvil[41], un 25 por ciento de los españoles entre 18 y 64 años presenta una adicción a internet y al móvil. El 65 por ciento de los participantes mantienen el móvil cerca de ellos y encendido en todo momento.

> «*Las personas que no dependen tanto de internet y del móvil están más satisfechas con su vida que quienes muestran una adicción moderada o grave a estos medios y que llegan a presentar incluso síntomas de depresión o de ansiedad. En concreto, los encuestados que dedican más tiempo a las redes sociales se muestran menos satisfechos con la vida.*»

No es raro que según el *Informe digital 2019* elaborado por Hootsuite y We Are Social[42] se establezca que en un país como España el 92 por ciento de la población se conecte a internet a diario y que empleemos una media de 5 horas y 18 minutos cada día a tal menester. Si suponemos que una persona duerme unas 8 horas, podemos decir que pasamos aproximadamente el 31 por ciento de nuestro tiempo diario conectados a internet, una cifra nada despreciable. Además, según este estudio, del total de tiempo que un español emplea para el uso de internet, 1 hora y 39 minutos serán destinados a redes sociales.

En realidad, si ese tiempo que utilizamos en la red se estuviera empleando en lecturas y formaciones no sería un dato nada negativo; seríamos una población excelentemente bien formada e informada, pero lo cierto es que el tiempo de consumo de productos digitales que hacemos suele ser para evadirnos o para consumir información que nos hace daño. Y hablo de información que hace daño refiriéndome a esa información que nos crispa, nos indigna y genera en nosotros un sentimiento negativo. Seleccionar qué vemos, qué leemos y en qué cantidades es algo imprescindible para recuperar el control de nuestro equilibrio emocional.

Cada día entramos en redes sociales, vemos vídeos por YouTube, recibimos mensajes al teléfono, enlaces a artículos etc. En cada momento del día recibimos cientos de informaciones, y no somos conscientes de que esa información que vamos absorbiendo genera un estado de ánimo y un nivel de creencias concreto. Lo que vemos y leemos constituye lo que somos y creemos del mundo.

Esto tendría poco peso si lo que viéramos o leyéramos, además, fuera verdad y construyera una toma de consciencia de nuestro propio entorno, pero hoy en día la información nunca es real, siempre depende de la fuente y de la intención con la que se comunica la información; por ello es más importante formarnos que informarnos para que cuando la información llegue, seamos capaces de pensar, reflexionar, filtrar y procesar con éxito. Nunca tuvimos tanta cantidad de información y noticias como actualmente, y realizar un filtrado y análisis es vital para la supervivencia en este entorno digital.

Lo que vemos y leemos constituye lo que somos y creemos del mundo.

Según estudios elaborados por *The Global Desinformation Index*[43] internet es un lugar donde, cada vez más, se generan mayor cantidad de noticias falsas y confusas. En internet somos clientes no solo por el hecho de comprar, sino que por el hecho de consumir los contenidos que nos muestran, por ello van a intentar llamar nuestra atención. Según *The Global Desinformation*, las marcas pagan por inserciones publicitarias en lugares que no tienen, porque ser fuentes fiables, y esto no ocurre solo en marcas comerciales sino también en la inversión de campañas políticas en la red.

«

El gasto en publicidad política ha aumentado exponencialmente durante el mismo período, pero sin una supervisión adecuada. En las elecciones presidenciales de México en 2018 los candidatos de sierra estaban fuera casi un tercio de su inversión publicitaria en formato digital media. Una estimación sugiere que, a través de las campañas de los Estados Unidos en 2018, 1,9 mil millones de dólares se gastaron en las campañas digitales y en línea.

Lo que comenzó como una industria para ayudar a los anunciantes a llegar a sus clientes de manera cada vez más eficiente se ha convertido en el sistema de modificación de comportamiento más completo, efectivo y escalable que los humanos hayan inventado.

El sistema de mensajería de precisión es efectivo en la entrega de desinformación porque aprovecha algo de la psicología humana fundamental. Nos atrae el «drama» incluso más que las imágenes de lindos gatitos. En un mundo de Internet, la atención es finita y las demandas son infinitas. Esto significa que solo el contenido que llama más fuerte llamará nuestra atención. En el caso de la moderación de contenido de YouTube, los críticos han afirmado que su fórmula es "indignación es igual a atención" para aumentar el compromiso y los ingresos publicitarios. No es sorprendente que, durante la vida de Internet, el contenido negativo que evoca nuestro miedo, odio o asco se ha propagado más rápido y más lejos que las lindas fotos de gatitos. Un estudio de Twitter, usando una muestra de 126,000 rumores, mostró que las falsedades tenían un 70 por ciento más de probabilidades de ser retwitteadas en Twitter que la verdad.

»

Nuestra velocidad ante tanta cantidad de información también ha cambiado y dedicamos cada vez menos a profundizar en la noticia. Ahora un titular puede ser la información que damos por válida y que instauramos como la noticia real, cuando la mayor parte del tiempo esos titulares solo son fruto de una necesidad de provocar. A veces son titulares que no guardan ninguna relación con el contenido del artículo completo, con el fin de que hagas clic en la noticia y accedas a ese contenido. Nunca hubo una manipulación tan clara y gratuita de los titulares de las noticias. Consumimos mucha información, pero cada vez más rápido, de forma superflua y sin capacidad de análisis.

Además, podrás observar que la mayor parte de las noticias que aparecen en todos los medios de comunicación, incluida la televisión, son noticias negativas. ¿Crees que solo ocurren cosas malas en el mundo? Como te decía, somos clientes de las noticias que comunican los medios, y estos medios son los que luchan porque sus informaciones tengan más audiencia, bien en forma de clic en el caso de internet o de audiencia televisiva, pero todos marcan su éxito y supervivencia gracias a los valores de audiencia. Pero nada es casual, y el hecho de que aparezcan noticias negativas y no positivas es porque el cerebro se fija más en las noticias negativas de forma natural, es algo que forma parte de nuestra propia naturaleza. Los medios, al saber muy bien esta tendencia natural a lo negativo, solo te muestran las noticias negativas, una noticia buena no es comercial. ¿Pasan cosas buenas en el mundo? Sí, pero no venden.

Si te preguntas por qué los seres humanos preferimos las noticias negativas a las positivas, te responderé por qué. Bien, eso se debe a que nuestro cerebro está preparado para la supervivencia, no le interesa tu felicidad o tu plenitud, su principal objetivo es hacer que sobrevivas. La amígdala, una pequeña parte del cerebro con diversas funciones, está especializada en la gestión de los miedos; esta hará que pongas atención en los posibles peligros, porque entiende que es vital para tu supervivencia. Gracias a esta pequeña parte del cerebro tu atención no es igual ante una noticia positiva que negativa, tus niveles de atención se fijarán siempre en las informaciones negativas. Los medios de comunicación conocen perfectamente esta tendencia que tenemos como seres humanos y te muestran lo que vas a consumir mejor: malas noticias.

El cerebro se fija más en las noticias negativas.

Por tanto, debemos de tener mucha cautela a la hora de seleccionar qué vamos a ver y cómo lo vamos a ver. En este momento en el que las noticias llueven y estamos expuestos a ellas en cualquier situación y hora del día, tendremos que aplicar el minimalismo también en la recepción de noticias;

ser muy selectivos con lo que dejamos entrar en nuestra mente. Si no filtramos el número de noticias y el tipo de información que consumimos, nuestro estado de ánimo no será el óptimo debido a que estamos expuestos en todo momento a sucesos negativos. Nuestro estado de ánimo se ve siempre afectado por el tipo de información que consumimos y, además, configura la percepción que tenemos de la realidad.

Para que hagamos una reflexión en torno a la carga que tiene para nosotros la información que consumimos, en 2013 la revista *PNAS* publicó un estudio donde comparó los niveles de estrés de dos grupos de personas[44]. El primer grupo estaba compuesto por personas que habían vivido de una forma directa los atentados durante la maratón de Boston. El otro grupo eran personas que no habían estado presentes durante los atentados, pero que se expusieron a más de seis horas de noticias relacionadas con dicho atentado. El resultado pudo demostrar cómo el grupo que no vivió el suceso de forma directa, pero sí estuvo sometido a un gran número de horas de información, presentaba niveles de estrés mayores de una forma significativa.

«

A diferencia de la exposición directa a un trauma colectivo, que puede terminar cuando la fase álgida del evento pasa, la exposición mediática mantiene activo el estrés agudo y lo revive en la mente de las personas.

»

El estudio concluye con que: la exposición mediática repetida puede contribuir al desarrollo de trastornos relacionados con el trauma, y prolonga o exacerba los síntomas agudos.

Nuestra mente es muy poderosa y debemos ser capaces de dosificar la forma en la que queremos alimentarla. La cantidad de información que hay disponible es infinita, pero como en el caso de otros apartados, es nuestra capacidad de selección la que va a marcar la diferencia.

Importante también será cómo seleccionamos esa información. No tenemos el control sobre las noticias que circulan en la red y lo que se va a convertir en vírico o no, pero sí en el lugar donde queremos poner el foco y el tiempo que vamos a dedicar a ello. A veces, aunque no quieras ver noticias te acabarán llegando por una vía u otra, incluso sin televisión y sin consultar noticias *online*, pueden llegar por correo electrónico o mensajes a través del móvil.

Mi consejo para llevar una vida minimalista respecto a las noticias sería, en primer lugar, no ver informativos en la televisión y obtener la información por otros medios. Además, poner un límite de tiempo para estar informado en función de si necesitas estar más o menos conectado, pero siempre con un límite de tiempo. Por supuesto, no consumir noticias cuando hacemos deporte, momentos de ocio o durante las comidas. Y algo que puede ser interesante es seleccionar sobre qué temas nos queremos informar, no estar abiertos a comprar la totalidad del «producto» que hay en la «tienda», sino solo lo que estemos dispuestos voluntariamente a digerir. Si consumes noticias en exceso, vas a sufrir agotamiento y además realizarás juicios porque son noticias que fomentan la división.

En mi caso, yo me he excluido casi de la totalidad de consumo de noticias y si hay algo que esté sucediendo en el mundo que me interese de verdad, opto por la profundización del tema antes de tomar información o noticias que me vayan a afectar emocionalmente. Por ejemplo, si estoy en un determinado país leo libros de la historia reciente, su sistema económico, ensayos sobre el tema, etc. Y a partir de ese momento, sí estoy preparado para tener una visión crítica. Como este proceso no se puede hacer con todos los temas, ya habremos realizado un filtrado; si es un tema que no te interesa realmente, mejor dejarlo pasar. Lo que no suma, acaba restando.

Contenido audiovisual y minimalismo

Pero no solo de noticias estamos saturados, también la forma en la que consumimos contenidos audiovisuales hace que acabemos en excesos. El número de películas que consumimos si lo comparamos con el de hace apenas diez años se ha disparado. Las nuevas plataformas de contenido audiovisual hacen que hayamos cambiado nuestra forma de consumir. Lo que antes suponía elegir en una cartelera de cine o en un vídeoclub (palabra en extinción) para ver una vez a la semana, ahora se hace desde el sofá de casa con un catálogo cada vez más extenso y para ver con la periodicidad que se desee.

Las series, que antes suponían ser vistas en seis meses o un año de visualización, ahora pueden ser devoradas en un solo fin de semana. No es raro que el 70 por ciento de los usuarios consuman las series en modo maratón. Aunque los estudios no dan una cantidad unánime, podemos establecer que un español ve de media entre 3,5 y 4 horas de televisión al día.

Disfrutar del cine es maravilloso y, además, el cine ni siquiera tiene por qué ser solo entretenimiento, puede ser cultura, información, reflexión, desarrollo, etc. Pero, ¿has pensado cuál es la verdadera razón del gran consumo de cine actual?. Lo cierto es que el material audiovisual siempre ha sido una manera de evasión de la realidad: una situación en la que durante el tiempo que dura la proyección éramos testigos de una historia que no era la nuestra y desconectábamos de nuestra realidad. Seguramente se trata de algo inofensivo, e incluso recomendable cuando se trata de una hora y media a la semana, pero que puede resultar algo sospechoso cuando multiplicamos esa cantidad por diez, veinte o treinta veces a la semana.

Cuando tenemos problemas, una de las formas que tenemos de evadirnos es a través de películas, series u otros contenidos audiovisuales. Deja de ser ocio o cultura para convertirse en una especie de adicción, la ocultación de una realidad que no queremos ver. Cuantas más cosas queremos dejar de ver de nosotros mismos, aunque sea nuestro propio aburrimiento vital, más consumimos. Se ha convertido en una especie de droga invisibilizada y aceptada por todos, parte de nuestra tradición que nos hace más inconscientes y desconectados.

No es casual que en la gran depresión de 1929 del pasado siglo XX, la única industria que prosperó fue la del cine, y que en la crisis financiera del 2008 fuera esta misma industria la que también saliera ilesa del desastre. En esos momentos en los cuales el mundo parecía acabarse y el sistema se tambaleó como nunca, la gente tuvo mayor necesidad de ir al cine a que les contarán historias. ¿Qué realidad estamos intentando no ver ahora cuando somos los mayores consumidores de material audiovisual de la historia de la humanidad? Quedarnos en casa un fin de semana viendo series sin parar se ha normalizado. Consideramos que es el premio, el descanso que merecemos a una semana dura; la forma en la que tenemos que disfrutar, pero, como cualquier adicción, no se percibe y como cualquier desconexión no se interpreta como tal.

Relaciones sociales y minimalismo

De la misma manera que ocurre con el exceso de información y las horas que pasamos conectados a internet, algo parecido sucede con la forma en la que nos relacionamos con otras personas. Actualmente, conocemos a más individuos a lo largo de nuestra vida debido a que nos movemos más, nuestras vidas son más dinámicas que antes, hacemos más viajes, cambiamos de trabajos y seguimos formándonos en la edad adulta. Esto hace que, ante el cambio de escenario de forma permanente, nos relacionemos con más personas, pero al mismo tiempo haya una menor capacidad para profundizar en dichas relaciones: más, pero de menor calidad.

Hasta hace muy poco, el núcleo de una persona media se limitaba a un número limitado de individuos porque había un menor dinamismo. Permanecíamos más tiempo en el mismo trabajo y en la misma residencia. Sin embargo, el nivel de profundidad con el que nos relacionábamos con esas personas era mayor. Teníamos una mayor sensación de pertenencia a nuestro grupo que era más atemporal, y, al haber una mayor profundización en las relaciones, nos proporcionaba la seguridad de una relación de mayor confianza y solidaridad entre los miembros. Hemos pasado de la amistad al simple conocimiento. Cada vez conocemos más gente, cada vez estamos más conectados con diferentes seres humanos pero, paradójicamente, estamos más solos porque nos movemos en una sociedad más individualista y aislada.

Aunque nuestra percepción es que podemos conocer a un número ilimitado de personas, porque las redes sociales nos permiten tener grandes cantidades de «amigos», lo cierto es que tenemos una limitación cerebral y temporal para relacionarnos con otros individuos, no podemos conocer a infinitas personas al mismo tiempo y tener una relación afectiva de amistad con un número ilimitado de individuos.

Los primatólogos han observado durante años que existe una relación entre el tamaño del neurocórtex cerebral y el número de individuos con los que se creen capaces de relacionarse los primates[45]. De esta forma, los primates con un mayor volumen de esta parte del cerebro se relacionan con más cantidad de miembros de su especie. ¿Qué pasa con el ser humano?

En este sentido, el científico Robin Dunbar, antropólogo de la Universidad de Oxford, estableció en 1922 una teoría por la cual el número máximo de personas con las que nos podemos relacionar los seres humanos son aproximadamente de 150 miembros[46], siendo esta cantidad la mayor posible. Es decir, solo determinadas personas alcanzarán esta cifra máxima, ya que la mayor parte de individuos se relacionarán con una cantidad de personas muy por debajo a esa cantidad. Podremos tener conocidos que superen esos 150 miembros, pero no podremos tener una relación real y de profundidad.

La teoría de Dunbar, además, determina una serie de círculos de profundidad en función del nivel de relación que tengamos con las personas y el tiempo que dedicamos a cada una de ellas. De esta forma establece:

1 mejor amigo	5 amigos íntimos	15 buenos amigos	50 amigos cercanos	100 amigos a secas

Sobre esta misma teoría, investigadores de la Universidad Carlos III de Madrid han desarrollado un modelo teórico de relaciones sociales que parte de la base de que la capacidad para relacionarse con diferentes personas es limitada y que diferentes tipos de relaciones requieren diferentes grados de implicación[47]. Un estudio con base cien por cien matemática que viene a corroborar la teoría que Dunbar planteó.

Además, pudieron observar que el tamaño de la red de personas con las que nos relacionamos aumenta en profundidad cuando el número de miembros es menor, es decir, a menor núcleo de amigos, se puede producir mayor profundidad y calidad en la relación:

El tamaño de la red también puede variar según las diferencias de personalidad. Los introvertidos, por ejemplo, suelen tener redes sociales egocéntricas significativamente más pequeñas que los extrovertidos. En tales casos, los introvertidos tienen en promedio relaciones más pequeñas, pero emocionalmente más intensas que los extrovertidos o aquellos con grandes redes, que parecen extender su capital cognitivo disponible de manera más delgada. Esto parece deberse a *una restricción en el tiempo social disponible que se aplica a todos los individuos.*

Por tanto, si según la teoría del número Dunbar tenemos capacidad para tener 6 amigos de mucha proximidad y 15 más como buenos amigos, creo que es interesante hacer un buen proceso de selección de personal en nuestras vidas. No va a servir relacionarnos con personas que no nos aporten y sumen valor; no podemos permitir que ese número de personas tan limitado se llene de individuos que no necesitamos y no nos hacen bien.

Según estos estudios, en el caso de las relaciones sociales ya somos minimalistas de forma natural. Tenemos un límite biológico que no podemos sobrepasar y, al haber un número tan limitado y concreto de individuos con los que nos podemos relacionar de forma profunda, debemos ser capaces de cubrirlo con personas que beneficien nuestra experiencia vital.

Las cosas en redes sociales son diferentes: como no tenemos por qué mantener una relación profunda con la persona que seguimos, podemos tener unos miles de seguidores sin que colapsemos. Esto es positivo, nunca en la historia de la humanidad estuvimos tan conectados y con tanta posibilidad de aprender y compartir con otros. El efecto secundario será creer que esos amigos digitales son amigos reales y que estamos cubriendo así nuestras necesidades sociales. Es peligroso dejar de compartir tiempo real con personas físicas para encerrarnos en el mundo digital como única ventana al mundo social. Tenemos un tiempo limitado y también unas capacidades limitadas de relacionarnos con otros seres humanos, por lo que nuevamente las elecciones que hacemos sobre dónde empleamos nuestro tiempo son importantes.

Como vimos anteriormente, lo que visualizamos en las diferentes pantallas afecta directamente en nuestro estado de ánimo. Por ello, también debemos pensar a quién seguir, porque, cada vez que seguimos a una persona, empresa u organización, estamos abriendo una ventana a su realidad. ¿Queremos ver esa realidad? Aunque parece insignificante es bueno poner límite de personas a las que seguir, estudiar a quién seguimos y de quién nos nutrimos.

Estamos en una nueva cultura donde nuestra popularidad y éxito social se mide por el número de seguidores. Nos empobrecemos y dejamos de lado las relaciones de calidad; esas relaciones que son reales y que nos dan calor. Necesitamos más y mejores relaciones, tener un grupo de proximidad que nos haga sentir queridos. Somos esa sociedad que no conoce a las personas que viven en nuestro propio edificio, pero escuchamos las historias de algún *influencer* que viven a miles de kilómetros y que probablemente jamás conozcamos.

Seguir a personas que nos aportan valor a través de las redes sociales es positivo y enriquecedor para nosotros, pero no podemos dejar de lado las relaciones humanas que tanta falta nos hacen. Arrastramos de nuestro pasado evolutivo una necesidad innata de relacionarnos con otras personas, esta necesidad debemos tenerla siempre en cuenta porque forma parte de nuestra esencia como seres humanos. Intentar caminar solos sin cubrir nuestras necesidades sociales básicas, acaba siendo una forma de autolesión.

Aunque nos encontramos en un entorno contrario a nuestra propia naturaleza gregaria, y cada vez sea más complejo establecer lazos sociales de calidad con otros seres humanos, debemos cubrir nuestras necesidades sociales en ese ecosistema hostil en el que todos cohabitamos. Por un lado, se ha incrementado y premiado los espacios privados e individuales en detrimento de los espacios públicos donde podemos compartir con los demás. Las grandes ciudades nos encierran en cubículos cada vez más pequeños y hacia dentro, y con menos necesidad de salir al encuentro social, donde, además, cada vez es más sencillo encontrar a personas que habitan los espacios en soledad. Los domicilios unipersonales, familias monoparentales o familias de tan solo dos miembros han pasado a formar parte de lo cotidiano, cuando hace apenas cincuenta años sería algo excepcional. Las redes sociales, internet y las plataformas de entretenimiento ayudan a que este aislamiento se incremente, porque ya no necesitamos salir en busca del ocio, entretenimiento, comida o incluso buscar pareja, todo llega a casa en un solo clic.

Tenemos que tener claro que somos seres sociales en un entorno cada vez más individualista, en el que intentamos incrementar nuestros valores individuales frente a las del colectivo, y es por ello que debemos trabajar para tener relaciones saludables tanto en número como en calidad. Un individualismo que se vincula a un capitalismo mal utilizado donde lo individual siempre es más rentable que lo colectivo.

Según los datos publicados por el INE en la proyección de hogares 2016-2031 en España[48], actualmente los hogares unipersonales se sitúan en torno a un 10 por ciento y se prevé que seguirá creciendo hasta un 19,8 por ciento en 2031. Incremento que también se produce en las familias de dos miembros, bien familias monoparentales (un padre o una madre e hijos), o familias de parejas sin hijos, que supondrán el 32,1 por ciento del total de hogares en el año 2031. En contraposición, los hogares de familias con varios miembros han sufrido una bajada los últimos años y la tendencia se mantendrá, ya que se estima que los hogares con 3, 4, 5 o más miembros, descenderán en torno a un 24,8 por ciento en 2031 respecto a 2016.

La tendencia es clara: tendemos a vivir cada vez más aislados, en espacios más pequeños, con familias menos numerosas y a veces incluso de forma individual; sin embargo somos animales gregarios y altamente sociales. La solución parte en saber que esta parte de nuestra naturaleza social debe ser cubierta a pesar de nuestro nuevo entorno; debemos buscar relaciones fuera del hogar que nos nutran para evitar el aislamiento. También hacer un buen uso de las redes sociales para relacionarnos con éxito y no fomentar más nuestro aislamiento.

Como vemos, no es tarea fácil jugar con todos estos factores de nuestra realidad social actual. La buena noticia es que, siendo conscientes y haciendo un trabajo de conexión con nuestras propias necesidades, podemos hacer que todo vaya a nuestro favor, para que todas las herramientas que tenemos al alcance puedan ser bien utilizadas y obtengamos grandes beneficios de ellas. Ante tantos retos y tanta cantidad de información, aplicar el minimalismo para que el exceso no se convierta en insalubre es primordial. Algunas prácticas que podemos utilizar son:

- *Restringir el consumo de noticias del exterior*. Estar informado no debe significar en ningún caso tener exceso de información ni sentirnos afectados por exceso de noticias negativas.
- *Seleccionar las fuentes de información* y optar por una mayor formación en detrimento de un exceso de información.
- *Analizar el consumo que haces de redes sociales en el tiempo* y minimízalo en el caso que no esté siendo productivo. También debemos ser minimalistas con el uso de nuestro tiempo y no podemos desaprovecharlo en los laberintos de las redes sociales.
- *Consumir con restricciones y consciencia los contenidos audiovisuales*. En determinados momentos de tu vida suprímelo si no te suma. Recuerda que no queremos tirar el tiempo, sino usarlo.
- *Construir tus redes sociales con cabeza*. No pienses en seguir a muchas personas sin control sino a personas que te suman. Somos minimalistas: menos, es más.
- Selecciona *relaciones personales* saludables. Tenemos un número de individuos limitados para relacionarnos y tener una relación profunda con ellos. Cuida quien entra y sale de tu vida y con quien compartes tu tiempo.
- *No te aísles*. En un entorno cada vez más individualista, debemos trazar estrategias para tener relaciones sociales fructíferas.

El minimalismo

y la austeridad a lo largo de la historia

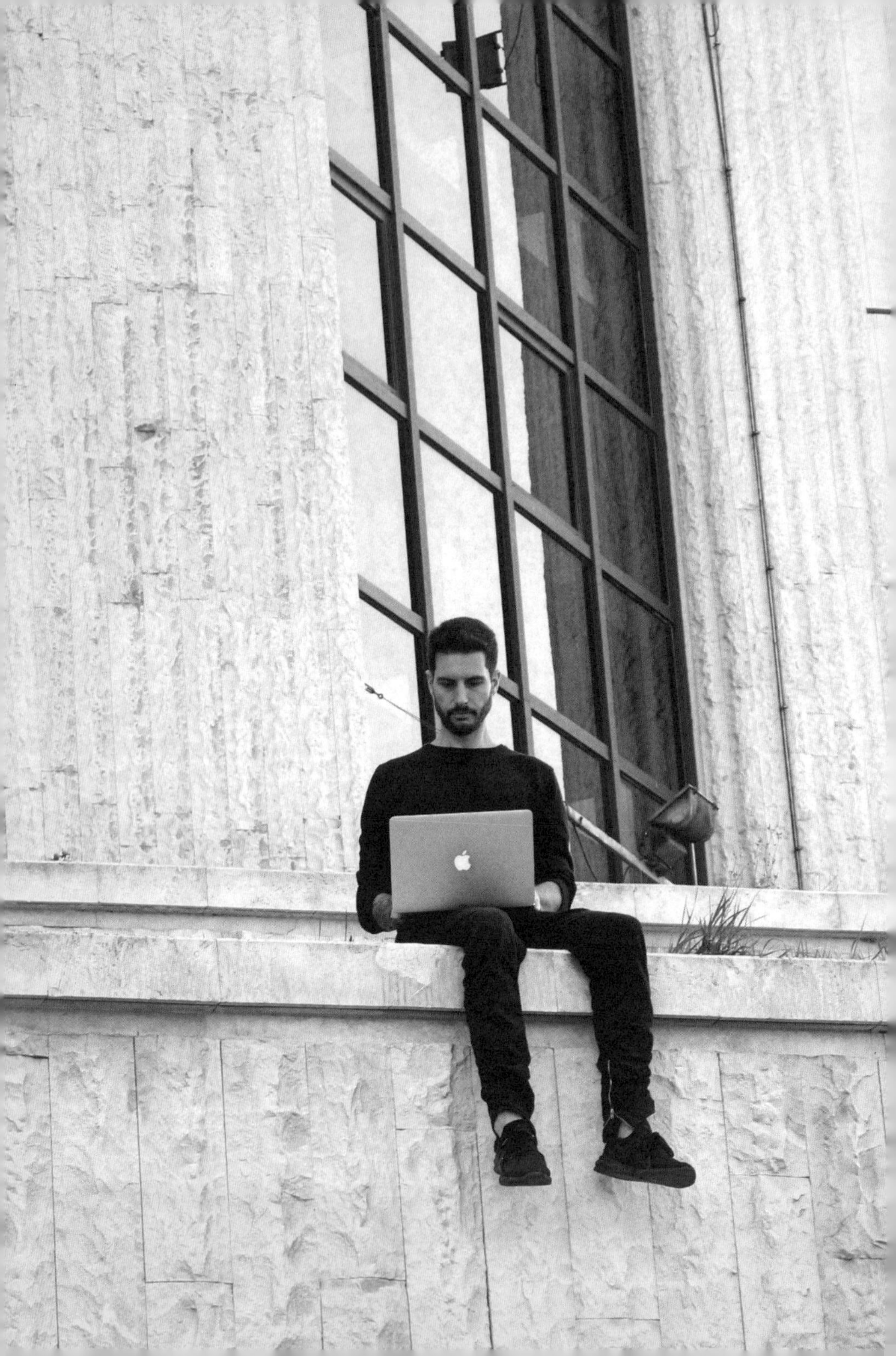

El minimalismo no es algo que se haya inventado ahora. Aunque bajo el halo de modernidad y vinculado a la ecología, es un movimiento relativamente actual y novedoso, lo cierto es que encontramos diferentes referencias sobre los beneficios de la austeridad y la limitación en el consumo en diferentes religiones y escuelas de pensamiento. De hecho, en la mayor parte de las corrientes espirituales la austeridad ocupa un papel fundamental.

El propio Jesús de Nazaret hace alarde de su austeridad y consumo comedido. En el Nuevo Testamento encontramos alusiones a su forma de vivir nada opulenta y contraria a la riqueza o la acumulación de bienes materiales.

Son muchos los representantes del cristianismo que a lo largo de la historia han basado sus vidas y teorías en la austeridad y en la limitación de tenencia de cosas como parte de su camino espiritual, aunque, efectivamente, la Iglesia católica como institución no cumpla para nada con estas premisas.

Son muchos los representantes del cristianismo que a lo largo de la historia han basado sus vidas y teorías en la austeridad [...]

Religiosos como San Juan de la Cruz o Santa Teresa de Jesús, ambos del siglo XVI, podrían liderar este *ranking* al vincular su fe y trabajo a los votos de pobreza y a la austeridad extrema. San Juan de la Cruz en su obra *Cántico espiritual*[49] hace referencia a la importancia de la austeridad extrema para encontrar el camino a Dios:

«

La satisfacción del corazón no se halla en la posesión de las cosas, sino en la desnudez de todas y pobreza de espíritu.

»

En los textos de San Agustín, teólogo y una de las grandes figuras del pensamiento cristiano, encontramos afirmaciones como esta:

«

Buscad lo que basta, y no queráis más. Lo demás es agobio, no alivio. Apesadumbra, no levanta.

»

Las teorías cristianas se basan en la austeridad, porque precisamente en los evangelios encontramos tanto en la vida de Jesús como de los apóstoles, austeridad y casi nula tenencia de cosas materiales. Son personas que viajan muy ligeras de equipaje con el objetivo de transmitir un mensaje. Muchos de los representantes de la Iglesia, como vemos, adoptaron esta forma de entender la vida a su obra.

El desapego tanto de cosas materiales como de personas es una de las enseñanzas básicas y que se tratan en profundidad.

Pero si hablamos de corrientes espirituales que llevan como bandera la austeridad, todos tendemos a pensar en el budismo que nos da lecciones e inspiración de ello en diferentes escritos. El desapego tanto de cosas materiales como de personas es una de las enseñanzas básicas y que se tratan en profundidad. Sin embargo, aunque se tiende a mencionar el budismo, porque es la corriente oriental más reconocida en estos momentos, la austeridad tiene gran notoriedad en otras corrientes de pensamiento próximas al budismo como el hinduismo y por supuesto el janaísmo, que basan su creencia y práctica en la austeridad y simplificación de la vida. Según las palabras del propio Buda en el *Dhammapada*[50]:

«

Para vivir una vida desapegada, uno no se debe sentir dueño de nada en medio de la abundancia.

»

Esta frase es realmente inspiradora para la vida minimalista de hoy en día, porque nos habla de desapego, pero un desapego que tiene en cuenta la abundancia presente en nuestra realidad. No es una visión basada en la austeridad como castigo o pobreza extrema. Nos sugiere que la no posesión de cosas no se realiza para vivir desde la escasez, sino que nos plantea la contradicción que existe en el hecho de basar nuestros objetivos vitales en la adquisición de objetos que son muy abundantes en el universo.

El budismo hace de la tenencia de cosas algo antagónico frente a la abundancia natural en la que nos encontramos.

El budismo hace de la tenencia de cosas algo antagónico frente a la abundancia natural en la que nos encontramos. En un planeta abundante, ¿para qué tener exceso de cosas en posesión? ¿No encontramos en la posesión desmesurada de cosas el temor a que se acaben, que las posea otro o no las podamos conseguir en algún momento? Me parece especialmente interesante vincular la no posesión con la abundancia y con la seguridad de que tenemos todo lo que necesitamos para alcanzar la felicidad y que estamos habitando un planeta abundante. Estar rodeados de abundancia y desear poseerla carece de sentido y, sobre todo, nunca aumentará nuestros niveles de bienestar.

El Dalai Lama, principal figura del budismo en el mundo, tiene siempre palabras que hacen alusión al desapego, haciendo énfasis en la no vinculación de nuestra felicidad o bienestar a la tenencia de cosas. Según sus palabras[51]:

> «*Según la psicología budista, la mayoría de nuestros problemas tienen su origen en el apego a cosas que erróneamente creemos permanentes. Guiados por esta percepción equivocada, consideramos que la agresividad y la competitividad son herramientas útiles en la búsqueda de lo que imaginamos y deseamos. Pero eso solo fomenta más agresividad. Esta visión errónea siempre ha existido en la mente humana, pero nuestra capacidad para aplicarla ha ido en aumento ahora que disponemos de máquinas y técnicas enormemente poderosas para reunir y consumir recursos. Así, la avaricia y la agresividad, alentadas por nuestra ignorancia sobre cómo son las cosas en realidad, liberan aún más veneno en el mundo.*»

Nisargadatta Maharaj, maestro espiritual del siglo XX de la corriente hinduista Advaita, aporta una afirmación muy interesante sobre lo que él entiende como austeridad y que considero que puede ser muy reveladora para la aplicación del minimalismo como estilo de vida en la actualidad. En la obra *Yo soy eso*[52], una compilación de sus enseñanzas, leemos lo siguiente:

«

Tanto la indulgencia como la austeridad tienen el mismo propósito: hacerte feliz. La indulgencia es la forma estúpida, la austeridad es la forma sabia [...].

Una vez que has pasado cierta experiencia, no volver a atravesarla es austeridad. Eliminar lo innecesario es austeridad. No anticipar el placer o el dolor es austeridad. Tener las cosas en control en todo momento es austeridad. El deseo en sí mismo no es malo, es la vida misma; la urgencia de crecer y experimentar y saber. Son las elecciones que haces las que están equivocadas. Imaginar que algo limitado —la comida, el dinero, el sexo, la fama— te hará feliz es engañarte a ti mismo. Solo algo tan vasto y profundo como tu «sí mismo verdadero» te puede hacer genuino y verdaderamente feliz.

»

Lo interesante de estas corrientes espirituales nacidas en Oriente, como vemos, es que no vinculan la no tenencia de posesiones a una práctica que se relaciona con el sacrificio o la pobreza como sucede en otros pensadores y corrientes. No es un ejercicio de lo físico, no es un ejercicio desde lo racional, sino desde lo más profundo para la evolución personal y espiritual. No se abandona lo material como sinónimo de castigo, sino como una forma de aceptar que en un mundo abundante no tiene sentido aferrarse a las cosas. Intentar buscar la felicidad o el bienestar en los objetos es buscar fuera lo que ya tenemos dentro.

El taoísmo por su parte, como tradición filosófica y religiosa de origen chino, también hace alusión a la austeridad y la simplificación de la vida. Aunque el propio taoísmo engloba diferentes ramas de su propia filosofía y planteamiento, todas coinciden en la limitación de la tenencia de cosas materiales y en intentar simplificar nuestra vida lo máximo posible, porque para el taoísmo la felicidad no radica en ningún caso en acumular cosas y riquezas, ya que entienden que el bienestar es un estado interior de satisfacción, armonía y paz.

Lao Tse, al que se le considera el primer autor taoísta, asegura en su obra[53] que: *Quien no es feliz con poco no lo será con mucho.*

Una frase muy corta pero cargada de valiosa información. La tenencia de objetos en la actual sociedad suele producirse para alcanzar el bienestar y la felicidad; sin embargo, ¿cómo condicionar nuestra felicidad a la tenencia de cosas? En una realidad como la actual, donde la compra compulsiva y la acumulación es algo cotidiano y aceptado como normal, deberíamos albergar los mayores niveles de felicidad posibles, y desgraciadamente no es así.

En la filosofía griega también encontramos numeras referencias a la mesura y a la sencillez de nuestros actos en diferentes escuelas y autores. Por ejemplo, Epicuro, filósofo vinculado al hedonismo, es un claro defensor de la mesura. Encontramos en las ideas atribuidas a este pensador: ¿Quieres ser rico? Entonces no te esfuerces en multiplicar tus bienes, sino en disminuir tu codicia.

Epicuro hacía especial énfasis en la fortaleza del no tener, ya que esa escasez hace más fuerte al ser humano.

Cuando pensamos en el hedonismo, acabamos simplificando mucho su planteamiento y creemos que se basa en la búsqueda del placer inmediato por encima de cualquier otra cosa. Sin embargo, la búsqueda de bienestar y ausencia de dolor que plantea esta escuela también hace referencia al placer a largo plazo y no dar rienda suelta a nuestros deseos inmediatos, y aquí también entra el control de nuestros propios deseos, si estos van a traer consigo un dolor o sufrimiento. Epicuro iba más allá, porque consideraba que para la consecución de ese placer y ausencia de dolor es importante también practicar la mesura (desarrollado en el concepto de ataraxia), que es no lanzarnos a la consecución de los placeres sin control, porque eso en sí mismo nos acabará causando malestar. Para el filósofo, cualquier placer va también vinculado de algún modo a un sufrimiento.

Siguiendo en la línea de pensadores griegos, no podemos dejar de mencionar a los estoicos, una escuela filosófica fundada por Zenón de Citio, y llevada a sus más álgido esplendor con Séneca y el emperador Marco Aurelio, según la cual alcanzar la libertad y la tranquilidad depende de que seamos ajenos a las comodidades materiales, la fortuna externa y guiar nuestra vida por los principios de la razón y la virtud.

Para Séneca, considerado uno de los principales filósofos del estoicismo, es la austeridad lo que hace que el hombre viva con serenidad. En su extensa aportación literaria, se puede observar una profunda tendencia hacia la moderación y la evitación del despilfarro de recursos. En sus textos encontramos alusiones al ahorro y a llevar una vida comedida:

«

> *Compra solamente lo necesario, no lo conveniente. Lo innecesario, aunque cueste un solo céntimo, es caro.*

»

El francés Gilles Lipovetsky, uno de los más importantes filósofos de la actualidad en Europa, hace grandes aportaciones y reflexiones en torno al consumo. Gilles, en sus obras habla de diferentes conceptos, contradicciones y problemas de la actual sociedad. Entre todos los temas que trata a lo largo de sus textos, el consumo y la evolución que ha tenido este en los últimos años, es sin duda una de sus temas más estudiados.

El pensador francés señala que uno de los problemas de nuestra sociedad es el hiperconsumo.

El pensador francés señala que uno de los problemas de nuestra sociedad es el hiperconsumo. Debemos poner foco en reeducarnos para moderar un consumo cada vez menos consciente. El autor no apunta que el consumo sea un problema en sí mismo, sino la forma en la que consumimos y el fin con que realizamos esas compras. Defiende un consumo consciente, moderado, ecológico y con sentido.

Este análisis de cómo articulamos y manejamos actualmente el consumo y sus consecuencias, forma parte de sus aportaciones básicas en sus libros y conferencias. En una de sus últimas obras, *La sociedad de la decepción*[54], podemos encontrar esta reflexión:

«

> *Los primeros analistas del consumo de masas no dudaban en hablar de maldición de la abundancia. Para estos teóricos, el paraíso de la mercancía produce insuficiencia y resentimiento. ¿Por qué? Porque cuanto más se incita a la gente a comprar, más insatisfacciones hay: nada más satisfacerse una necesidad, aparece otra, y este ciclo no tiene fin. Como el mercado nos atrae sin cesar con lo mejor, lo que poseemos resulta necesariamente decepcionante. La sociedad de consumo nos condena a vivir en un estado de insuficiencia perpetua, a desear siempre más de lo que podemos comprar. Se nos aparta implacablemente del estado de plenitud, se nos tiene siempre insatisfechos, amargados por todo lo que no podemos permitirnos. Se ha dicho que el sistema del consumo comercial es un poco como el tonel de las Danaides que además sabe aprovechar el descontento y la frustración de todos.*

»

Adolf Loos, un arquitecto austriaco nacido en 1870, explica en su obra *Ornamento y delito*[55] lo importante de la simplificación. Para Loos «la revolución cultural equivale a la eliminación del ornamento del objeto usual».

Consideraba que el ornamento se traduce en trabajo, tiempo y recursos, pero sin utilidad real. Es un desperdicio porque el mismo objeto sin ornamento tendría la misma utilidad, pero con menos recursos utilizados y menos trabajo y que, además, como consecuencia se adquiriría a un precio muy inferior.

Loos nos plantea que lo importante debería ser la utilidad del objeto, por encima de la forma en la que lo presentamos, sobre todo si lo que acompaña a ese objeto no tiene ninguna utilidad real. Un mueble debería ser creado con la intención de cubrir su utilidad, podríamos centrarnos en que sea más o menos funcional, cómodo, o en la calidad de sus materiales, pero en ningún caso en adornos y otros atributos que no le aportan valor para lo que fue creado. Esto lo sabe bien el ornamentista y los ornamentistas austríacos intentan resolver este problema. Dicen:

«

> *Preferimos al consumidor que tiene un mobiliario que, pasados diez años, le resulta inaguantable, y que, por ello, se ve obligado a adquirir muebles nuevos cada década, al que se compra objetos solo cuando ha de substituir los gastados. La industria lo requiere. Millones de hombres tienen trabajo gracias al cambio rápido.*

»

Lo que
no es
necesario
suele ser
extraordinario

Dice el grupo Fangoria en su canción *Más es más* que «lo que no es necesario suele ser extraordinario». También menciona «el afán sin control por acumular» que forma parte de nuestras sociedades actuales, y quizá sea esa la propia naturaleza del ser humano.

Igual que las abejas sienten una atracción fatal hacia el polen de las flores y las urracas se sienten atraídas por objetos que brillan, quizá nuestro destino sea acumular como una especie de adicción genética que asegura la acumulación de riqueza para garantizar la supervivencia. No sé si será fruto de nuestra propia naturaleza o quizá sea que de tanto alejarnos de ella perdimos nuestra propia esencia, pero lo cierto es que lo hacemos: acumulamos.

Sea cual sea la razón, estamos viviendo una realidad de consumo sin precedentes, porque nunca tuvimos tanta posibilidad de acumular [...]

Sea cual sea la razón, estamos viviendo una realidad de consumo sin precedentes, porque nunca tuvimos tanta posibilidad de acumular, nunca fue tan fácil comprar, nunca estuvo tan al alcance de nuestras manos en cualquier momento del día. Imposible aislarse de un entorno basado en la compra y venta de bienes y servicios.

¿Alguna vez has probado a pasar un día entero sin comprar nada? Te invito a intentarlo, porque te darás cuenta de que cuando crees que no has consumido, lo has hecho. Puede ser un café, algo de picar, una botella de agua o pagar el parquímetro de tu ciudad, lo cierto es que el *consumo cero* es imposible en nuestro día a día, es más. Y ahora, con las compras por internet y la comida a domicilio en pleno auge, consumimos hasta sin salir de casa.

El sistema capitalista ha sido un éxito en toda regla, nadie puede poner en tela de juicio eso. Ha crecido, se ha adaptado y nos ha transformado por completo, y no son una crítica al propio sistema estas palabras, sino a nosotros mismos y lo que estamos haciendo con él. Si en lugar de utilizar todas las posibilidades que nos brinda para ser felices y obtener fácilmente todo aquello que necesitamos para vivir, lo usamos para nuestra autodestrucción, tendremos grandes problemas. Generaremos adicciones, problemas financieros, empeoraremos nuestra salud y acabaremos acumulando como si todos tuviéramos el síndrome de Diógenes y terminaremos en absoluta soledad y aislados. Debemos modificar nuestra conducta para sobrevivir en este ecosistema en el que habitamos, dominarlo y no ser víctimas de su éxito.

Generaremos adicciones, problemas financieros, empeoraremos nuestra salud y acabaremos acumulando como si todos tuviéramos el síndrome de Diógenes y terminaremos en absoluta soledad y aislados.

No se trata de no consumir, de hecho, la supervivencia de la actual sociedad depende de que sigamos consumiendo. Se trata de consumir con cabeza, de obtener lo necesario, de conseguir esas cosas que nos aporten y no resten. Si el consumo es lo que transforma nuestro entorno, utilicemos ese poder para generar entornos óptimos.

Nos acostumbramos a dejar nuestros sueños en un cajón para comprar con nuestro tiempo y dinero otras cosas que no hemos soñamos y que creemos necesitar, aunque no las necesitemos realmente. Dejamos de tener tiempo para leer, para ir al teatro o para hacer ese viaje que pensábamos realizar hace años. Dimos por imposible hacer esa formación que tiene un precio muy elevado para nuestra realidad actual, pero, a cambio, depositamos nuestros recursos en no sabemos muy bien qué.

Mi propuesta es que no vincules tu felicidad a la tenencia de cosas, porque eso nunca suele ser un camino acertado. Como hemos visto a lo largo esta obra, la tenencia desmesurada e inconsciente suele tener más efectos negativos que positivos sobre nuestro bienestar.

Sería interesante plantear lo que es realmente necesario en nuestra vida, porque probablemente cada uno de nosotros tiene unas preferencias y un concepto de lo que es imprescindible muy diferente, tanto en lo que respecta a las cantidades como al tipo de bienes y servicios. Por ejemplo, para mí es importante un sistema de tratamiento de agua en las casas porque me preocupo por la salud y la ecología. Yo puedo invertir los más de 1.000 € que cuesta un buen filtro de agua porque mi prioridad de consumo va en esa dirección, pero seguramente para otra persona que se preocupa y le hace feliz la moda, tener un Chanel en el armario de esa misma cantidad es una necesidad mucho más vital.

Cualquier elección es válida si lo hacemos desde nuestro propio deseo y para cubrir nuestra propia necesidad, sin tener en cuenta en exceso el ruido exterior que acaba por no dejarnos escuchar a nosotros mismos. Será bueno siempre y cuando lo hagamos para cubrir nuestras necesidades, desde la consciencia y teniendo en cuenta nuestra realidad financiera.

Para mí los bienes más preciados son la tecnología, los viajes, los libros, la formación y la alimentación saludable, pero eso no es lo que va a hacer feliz a otros, sino a mí. En la aplicación del minimalismo a nuestras vidas, aunque vamos a tener puntos en común, lo importante es que analicemos dónde ponemos nuestras prioridades para reducir e ir más ligeros en la vida; para ser más ordenados y estar más conectados, pero siempre teniendo en cuenta quiénes somos y cuál es nuestra realidad. Que a mí me haga feliz viajar y sea algo enriquecedor que me suma, no quiere decir ni implica que otra persona que no vaya a salir de su ciudad en toda su vida no pueda ser feliz; de hecho, ha de ser así. Somos variados y diversos en talentos y también en prioridades.

Lo importante es no caer en la trampa; esa trampa que hace que nos endeudemos en exceso, que nos haga caer en adicciones de consumo, que empleemos recursos en cosas que no necesitamos para dejar de hacer lo que realmente queremos y, por supuesto, lo que es más importante es que no caigamos en ese consumo que nos destruye y nos hace enfermar.

Con cada cosa que consumimos estamos lanzando un mensaje en el mercado; un mercado que se adapta siempre a lo que nosotros demandamos. Dejemos mañana todos de consumir prendas negras y en poco tiempo todas las tiendas del mundo habrán eliminado ese color de sus colecciones; a mí eso me parece mágico, porque jamás tuvimos tal capacidad. Tenemos un poder inmenso como consumidores, pero todo poder es una responsabilidad. Cada vez que compramos productos contaminantes como plásticos, productos testados en animales, etc., estamos dando un mensaje al mercado, y ese mensaje es favorable a este tipo de productos que destruyen nuestro entorno. A veces me sorprende cuando se habla del capitalismo o del Estado como entes ajenos a nosotros, entes que piensan por sí mismos y nos dejan al margen. Lo cierto es que ambas palabras nos incluyen: cuando hablamos de algún grupo y nosotros estamos dentro de él, estamos hablando de nosotros mismos también. No somos víctimas, somos creadores, y responsabilizarnos es de vital importancia. Podemos no hacerlo, por supuesto, pero tendremos que ser honestos en nuestra cuota de responsabilidad y no culpar a los agentes externos de lo que nosotros mismos representamos con nuestras acciones.

Con cada cosa que consumimos estamos lanzando un mensaje en el mercado; un mercado que se adapta siempre a lo que nosotros demandamos.

Nada más contradictorio que ver una manifestación contra el cambio climático que deja tras de sí toneladas de basura plástica y que no supone un compromiso real por parte de los asistentes. El cambio siempre debe partir de nosotros mismos. Pedir es genial, pero no sin antes estar en disposición de dar como parte de ese conjunto de acciones que forman parte de nuestra cuota de responsabilidad y compromiso a la causa.

Desde un punto de vista antropológico, me fascina la idea de pensar el grado de unidad que estamos generando; una homogeneidad de nuestras culturas y costumbres que jamás habíamos presenciado. Podemos hacer alusión a diversas causas como la globalización que hace que compremos los mismos productos y tengamos las mismas tiendas allá donde estamos. También han contribuido a esta unión los avances tecnológicos que han hecho que en pocos años la humanidad esté conectada en tiempo real. Pero hay un sinfín de patrones que hacen que la humanidad esté más unida que nunca: la información rápida que nos llega de la otra parte del mundo, la fácil comunicación con el uso del inglés como lengua universal, el gran número de viajes internacionales que hacemos a lo largo de nuestra vida, la visualización de películas y series de diferentes países, las políticas globales y acuerdos comerciales, las uniones entre países como la Unión Europea, etc.

Nunca estuvimos tan unidos, tan comunicados y tan cerca, pero también es la primera vez que somos tantos. La población ha crecido desmesuradamente en los últimos años: en 1950 la población era de 2.600 millones de personas, siendo la población estimada para 2050 de 9.800 millones de habitantes. Esto supone que habremos casi cuadriplicado nuestra población en un siglo.

Que seamos más hace que requiramos más recursos y que generemos más residuos en todos los sentidos de la palabra. Por ello, debemos ser inteligentes con el uso de recursos y con la utilización de todo lo que disponemos para que, a pesar de ser más población, nuestra huella esté controlada y no acabemos siendo la causa de nuestra propia desaparición.

El minimalismo habla de nosotros, de nuestra comodidad y de integrarnos en el ecosistema capitalista de la forma más saludable posible. Pero también habla de otros, porque también influye en otros seres humanos, en los ecosistemas y en los animales. Llevar una vida minimalista nos integra con consciencia y con cabeza en el entorno, utilizando todo lo bueno que tenemos sin efectos secundarios para nosotros ni para otros.

El minimalismo habla de nosotros, de nuestra comodidad y de integrarnos en el ecosistema capitalista de la forma más saludable posible.

A lo largo de estas páginas he intentado aportar mi visión de cómo aplicar el minimalismo a diferentes ámbitos de la vida, pero la principal aportación para tu minimalismo sin duda la vas a hacer tú porque no hay leyes universales. Cada ser humano es único, tenemos preferencias, sueños y expectativas diferentes en esta experiencia vital. Espero que minimices todo para maximizar lo importante, porque cuando estamos conectados, sabemos muy bien qué es lo importante.

Espero que entiendas el arte de no tener: que lo tengas todo, que disfrutes de todo, pero sin necesidad de nada.

Somos uno.

Referencias

1. Granero, R., Fernández-Aranda, F., Maestre-Bach, G., Steward, T., Baño, M., del Pino-Gutiérrez A., Moragas, L., Mallorquí-Bague, N., Anymamí, N., Gómez-Peña, M., Tarrega, S., M. Menchón, J. y Jiménez-Murcia, S. (2016). Compulsive Buying Behavior: Clinical Comparison with Other Behavioral Addictions. *Front Psychol.* 7 (914) *doi: 10.3389/fpsyg.2016.00914*

2. Prieto, J., Salcedo, A., (2016) Influencia de la ansiedad en la adicción al consumo y la falta de autocontrol en la compra y el gasto de los jóvenes. *Estudios sobre consumo*, 76 (2006), 43-58.

3. Instituto Nacional de Estadística (21 octubre, 2019). Indicadores de Mortalidad. *Esperanza de vida al nacimiento según sexo* [Fichero de datos]. Recuperado de https://www.ine.es/jaxiT3/Datos.htm?t=1414

4. Goerlich, FJ y Pinilla, R.: Esperanza de vida en España a lo largo del siglo xx. Documentos de Trabajo, Fundación BBVA, 2006. Recuperado de http://www.grupobbva.com/TLFU/dat/DT_2006_11.pdf

5. Tena, J.: Analfabetismo en España hoy. *Revista de Educación. 268 (1981) 291-296.*

6. Instituto Nacional de Estadística (30 diciembre, 2019). Población de 16 y más años por nivel de formación alcanzado, sexo y grupo de edad. Recuperado de https://www.ine.es/jaxiT3/Datos.htm?t=6347

7. Preventing suicide: a global imperative. World Health Organization, 2014 ISBN 978-92-4-156477-9. Recuperado de https://www.who.int/mental_health/suicide-prevention/world_report_2014/en/

8. Tasa de mortalidad por suicidio (por cada 100.000 habitantes). *Bando Mundial*. Recuperado de https://datos.bancomundial.org/indicator/SH.STA.SUIC.P5

9. Depression and Other Common Mental Disorders. Global Health Estimates. Organización Mundial de la Salud, 2017. Recuperado de WHO/MSD/MER/2017.2

10. Ricard, M.: *En defensa de la felicidad*, Urano. Barcelona, 2005.

11. Irastorza, E.: El sector textil en 2018. Análisis internacional, nacional y autonómico. La moda en tendencias. EAE Business School, 2019. ISBN: 978-84-17476-40-3. Recuperado de http://marketing.eae.es/prensa/SRC_SectorTextil.pdf

12. Ellen MacArthur Foundation: A new textil economy: Redesigning fashion´s future, 2017.
Recuperado de https://www.ellenmacarthurfoundation.org/assets/downloads/publications/A-New-Textiles-Economy_Full-Report_Updated_1-12-17.pdf

13. Cobbing, M. y Vicaire, Y.:Timeout for fast fashion. Greenpeace e.v. 2016. Recuperado de https://www.greenpeace.org/archive-international/Global/international/briefings/toxics/2016/Fact-Sheet-Timeout-for-fast-fashion.pdf

14. Lu, J.J. & Hamouda, H.: Current Status of Fiber Waste Recycling and its Future. *Advanced Materials Research* (Volume 878), 2014, pp. 122-131.

15. OECD/FAO (2019), *OCDE-FAO Perspectivas Agrícolas 2019-2028*, OECD Publishing, Paris/FAO, Rome, https://doi.org/10.1787/7b2e8ba3-es.

16. Naciones Unidas: Trade and development report 2019. Financing a global Green new deal. *United Nations Publications,* 2019. ISBN: 978-92-1-112953-3.
Recuperado de https://unctad.org/en/PublicationsLibrary/tdr2019_en.pdf

17. Carrera, E.: El reptes del reciclatge textil. Blog del Centro de Innovación y Tecnología de la Universidad Politécnica de Catalunya, 2019.
Recuperado de https://blog.cit.upc.edu/?tag=intexter&paged=3

18. Baumeister, R., Bratslavsky, E., Muraven, M., y Tice, D. (1998): Ego Depletion: Is the Active Self a Limited Resource? *Journal of Personality and Social Psychology 74*(5) 1252-1265.

19. Clear, J.: *Hábitos atómicos*, Ediciones Paidós, Barcelona, 2019.

20. Isaacson, W. *Steve Jobs,* Simon & Schuster, New York, 2011.

21. Vasquez, I., y Porčnik, T. (2019): The human Freedom Index 2019: A global Measurement of Personal, Civil, and Economic Freedom. *Cato Institute, the Fraser Institute, and the Friedrich Naumann Foundation for Freedom.*
Recuperado de https://www.fraserinstitute.org/sites/default/files/human-freedom-index-2019-rev.pdf

22. Anderson, N., Belar, C., Breckler, S., Nordal, K., Ballard, D., Bufka, L., Bossolo, L., Bethune, S., Brownawell, A. y Wiggins, K. (2015): Stress in AmericaTM: Paying With Our Health. *American Psychological Association.*
Recuperado de https://www.apa.org/news/press/releases/stress/2014/stress-report.pdf

23. Sweet, E., Nandi, A., Adam E., y McDade, T. (2013): The High Price of Debt: Household financial debt and its impacto n mental and physical health. *Soc Sci Med.* (91) 94–100.
Recuperado de doi:10.1016/j.socscimed.2013.05.009.

24. Sweet, E., DuBois, LZ. y Stanley, F. (2018): Embodied Neoliberalism: Epidemiology and the Lived Experience of Consumer Debt. *International Journal of Health Services*. 48(3), 495-511.

25. Moulian, T.: *El consumo me consume*, LOM Ediciones, Santiago de Chile, 1998.

26. Haynes, J., & Geraint, R. (2005): Predicting the Stream of Consciousness from Activity in Human Visual Cortex. *Current biology:CB.* (15). 1301-1307. DOI: 10.1016/j.cub.2005.06.026

27. Rigoni, D., Kühn, S., Sartori, G., & Brass, M. (2011): Inducing Disbelief in Free Will Alters Brain Correlates of Preconscious Motor Preparation: The Brain Minds Whether We Believe in Free Will or Not. *Psychological Science*, *22*(5), 613-618. https://doi.org/10.1177/0956797611405680

28. Haynes, J., y Geraint, R. (2016): Decoding mental states from brain activity in humans. *Nature Reviews Neuroscience* (7) 523-534. Recuperado de https://personal.utdallas.edu/~otoole/HCS6330_F09/17_Haynes_decoding_NNR_06.pdf

29. McClure, S., Li, J., Tomlin, D., Cypert, K., Latané, Montague, L., Montague, PR. (2004): Neural Correlates of Behavioral Preference for Culturally Familiar Drinks. *Neuron*. 44 (2). 379-387. doi.org/10.1016/j.neuron.2004.09.019

30. Schmitt, B.: *Experimential Marketing*, Deusto, Bilbao, 1999, pp. 208–2013.

31. Dr. A.K. Pradeep: *The Buying Brain Secrets for Selling to the Subconscius Mind*, John Wiley & Sons, New Jersey, 2010.

32. North, A. C., Hargreaves, D. J., & McKendrick, J. (1999). The influence of in-store music on wine selections. *Journal of Applied Psychology, 84*(2), 271- 276. https://doi.org/10.1037/0021-9010.84.2.271

33. Stamateas, B.: *Emociones tóxicas*, Ediciones B, Barcelona, 2012.

34. Poore, J. y Nemecek, T. (2018): Reducing food´s environmental impacts through producers and consumer. *Science*. (360) 6392, 987-992. Doi: 10.1126/science.aaq0216

35. Naciones Unidas. (2020): Información sobre la situación y perspectivas de la economía mundial: Población. Recuperado de https://www.un.org/es/sections/issues-depth/population/index.html

36. Organización Mundial de la Salud. (2017): 10 datos sobre la obesidad. Recuperado de https://www.who.int/features/factfiles/obesity/es/

37. Srour, B., K Fezeu, L., Kesse-Guyot, E., Allès, B., Méjean, C., Andrianasolo, R., Chazelas, E., Deschasaux M., Hercberg, S., Galan, P., Monteiro, C., Julia, C. y Touvier, M. (2019): Ultra-processed food intake and risk of cardiovascular disease: prospective cohort study (NutriNet-Santé). *BMJ*. (365) 2019. doi: https://doi.org/10.1136/bmj.l1451

38. Organización Mundial de la Salud. (2018): El consumo nocivo de alcohol mata a más de 3 millones de personas al año, en su mayoría hombres. [comunicado de prensa] Recuperado de https://www.who.int/es/news-room/detail/21-09-2018-harmful-use-of-alcohol-kills-more-than-3-million-people-each-year--most-of-them-men

39. Steinfeld, H., Gerber, P., Wassenaar, T., Castel, V., Rosales, M. y De Haan, C., (2009): La larga sombra del ganado. FAO. Recuperado de http://www.fao.org/3/a-a0701s.pdf

40. Cía, A. (2013): Las adicciones no relacionadas a sustancias (DSM-5, APA,2013): un primer paso hacia la inclusión de las Adicciones Conductuales en las clasificaciones categoriales vigentes. *Revista Neuro-Psiquiatria*. (76) 4, 210-217. Recuperado de https://www.redalyc.org/articulo.oa?id=372036946004

41. OCU (diciembre-enero 2014): Enganchado a estar siempre conectado. OCU Salud. Núm 117, 32-36.

42. Digital in 2019. We are social. Recuperado de https://wearesocial.com/es/digital-2019-espana

43. Melford, C. y Fagan, C. (2019): Cutting the Funding of Disinformation: The Ad-Tech Solution. Recuperado de https://disinformationindex.org/wp-content/uploads/2019/05/GDI_Report_Screen_AW2.pdf

44. Holman, E.A., Garfin, R.G., y Cohen, R. (2014): Media´s role in broadcasting acute stress following the Boston Marathon bombings. *PNAS*. (111) 1 93-98. DOI: 10.1073/pnas.1316265110

45. Dunbar R. (1992): Neocortex size as a constraint on group size in primates. *Journal of Human Evolution*. (22) 6, 469-493. https://doi.org/10.1016/0047-2484(92)90081-J

46. Dunbar, R. (1993): Co-Evolution of Neocortex Size, Group Size and Language in Humans. *Behavioral and brain sciences*. 16. 681-735. Rescatado de https://www.researchgate.net/publication/235357146_Co-Evolution_of_Neocortex_Size_Group_Size_and_Language_in_Humans

47. Tamarit, I., Cuesta, A.C., Dunbar, R. y Sánchez, A. (2018): Cognitive resource allocation determines the organization of personal networks. PNAS (115) 33, 8316-8321 https://doi.org/10.1073/pnas.1719233115

48. Instituto Nacional de Estadística. (2016). Proyección de hogares 2016-2031. [comunicado de prensa] Recuperado de https://www.ine.es/prensa/np995.pdf

49. San Juan de la Cruz: *Cántico Espiritual*, Red ediciones, Barcelona, 2016.

50. Anónimo: *Dhammapada*, Plataforma Editorial, Barcelona, 2014.

51. Dalai Lama: *Conócete a ti mismo como realmente eres*, Grijalbo, Barcelona, 2010.

52. Maharaj, N.: *Yo soy eso*, Sirio Editorial, Málaga, 2007.

53. Lao Tse: *Tao Te Ching*, Edaf, Madrid, 2017.

54. Lipovetsky, G.: *La sociedad de la decepción: Entrevista con Bernard Richard (Argumentos)*, Anagrama, Barcelona, 2008.

55. Loos, A.: *Ornamento y delito*, Editorial Gustavo Gili, Barcelona, 1972.

**mi
ni
ma
lis
mo**

Quizá quisimos tener más de lo que realmente necesitábamos. Quizá solo nos cargamos con un peso inútil que nos impidió recorrer el camino con facilidad. Puede que simplemente nos confundiéramos y, en el afán de intentar llenar nuestros corazones, empezáramos a recargar nuestras vidas de cosas innecesarias.

Ahora, con la mente liberada y con menos equipaje, encontraremos un lugar especial para colocar lo que realmente importa.

Porque a veces, debemos no tener para tenerlo todo.

**mi
ni
ma
lis
mo**

mi
ni
ma
lis
mo